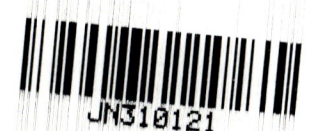

写真集

尾張徳川家の幕末維新

徳川林政史研究所所蔵写真

徳川義崇［監修］
徳川林政史研究所［編］

吉川弘文館

はじめに

日本に写真技術が渡来してから160年余になります。各地で写真の研究が始まった時期は、幕末維新という我が国の歴史のなかでも特記すべき変革期と重なり、写真はこの時代の様々な情景を記録しています。当時、西洋諸国の最先端技術に関心をもった開明的な大名によって、写真の研究とその技術開発の推進が図られました。尾張徳川家十四代（のちに十七代）当主徳川慶勝もその一人です。

当財団に所属する徳川林政史研究所は、慶勝が撮影した写真をはじめ、それ以降、尾張徳川家によって撮影、収集した写真を多数所蔵しています。これらの写真は、幕末維新、さらには近現代の歴史の一端をとらえた貴重な史料群であると思っております。

そこで、本年は徳川慶勝の生誕190年を迎えるにあたり、このたび『写真集 尾張徳川家の幕末維新』を刊行する運びとなりました。本写真集では慶勝が自ら撮影した写真や、慶勝が歩んだ激動の時代を記録した写真のうち、307点を厳選して掲載しております。

慶勝は自ら撮影や現像の研究・実験を繰り返し試みるといった研鑽を積んだ結果、幕末から明治初年にかけての様々な人物・建造物・風景の撮影に成功しています。今は見ることのできない、江戸（東京）・名古屋などの原風景を偲ぶことができます。また、慶勝の写真研究の足跡は、自身が書き留めていた写真研究書からも辿ることができ、それを翻刻して収録しております。慶勝が撮影した写真を見ていると、当主にしか撮影できない空間から庶民の日常生活の空間に至るまで、時代の推移のなかで、被写体に対する関心の変化とその視野の広さには驚かされます。

本写真集を通じて、慶勝の目に幕末維新という激動の時代がどのように写っていたのか、遺された数多くの写真が語りかけている様々な情景を多くの方々にお楽しみいただくとともに、徳川慶勝という幕末維新に活躍した人物の生涯を知っていただく機会となることを願っております。

平成26年２月

公益財団法人徳川黎明会 会長

徳　川　義　崇

目　次

解説
徳川林政史研究所所蔵写真

白根孝胤

徳川林政史研究所は、昭和6年（1931）に尾張徳川家の十九代当主徳川義親《よしちか》によって設立された公益財団法人徳川黎明会（設立当時は財団法人尾張徳川黎明会）に所属する研究所である。

当研究所では、我が国唯一の民間林業史研究機関として、日本の国土の三分の二を占める森林と人々との関わりの歴史を、政治・経済・産業・流通・文化等の様々な側面から研究を行っている。木曽山をはじめとする全国の山林地域を対象とした林政史分野の史料のほか、尾張藩や江戸幕府に関する近世史料や尾張徳川家に関する近現代史料の収集保存・公開につとめるとともに、各分野の研究を推進し、公開講座の開催などの教育普及活動にも努めている。

所蔵史料は前述の通り、林政史料や尾張藩・尾張徳川家に関する江戸時代の古文書、近現代の記録類が中心であるが、文献史料だけでなく、幕末維新期から昭和期にかけて撮影された3,159点にもおよぶ写真を所蔵している。とくに幕末維新期に活躍した、尾張徳川家十四代当主（のちに再び家督相続して十七代当主）の徳川慶勝《よしかつ》が撮影した写真が多数現存していることは注目に値する。

我が国に写真技術がもたらされたのは、長崎に銀板写真（ダゲレオタイプ）が伝わった嘉永元年（1848）のことである。安政期になると、湿板写真（アンブロタイプ）が導入され、明治中期頃まで主流となった。写真が渡来して間もない時期に、大名家（華族）の当主自身によって撮影された写真がこれだけ多く遺っていることは、大変珍しいといえる。これらの写真は、幕末維新の様相を知る歴史的遺産であるとともに、黎明期の写真技術を検討するうえでも貴重な史料群であり、その価値は非常に高いといっても過言ではないであろう。

徳川林政史研究所所蔵写真の特徴―徳川慶勝関連写真を中心に―

徳川慶勝は、開明的で西洋諸国の最新科学技術への関心が高く、その一つとして写真技術に着目し、安政期頃から江戸の戸山下屋敷においてコロジオン湿板方式による写真の研究に着手した。コロジオン湿板方式とは、1851年にイギリスのフレデリック・スコット・アーチャーが発明した技法である。コロジオン（硝化綿をアルコールとエーテルの混合液に溶解したもの）という溶液を塗布したガラス板を硝酸銀に浸して感光性を与え、濡れているうちにカメラに装着して撮影し、暗室で現像するというものであった。銀板写真に比べて露光時間が短縮され、鶏卵紙への焼き付けが可能になった。

慶勝は自ら湿板写真の撮影の実験を繰り返し行うとともに、御小性・御小納戸を中心とした側近層や洋学者・医者などによるプロジェクトチームを組織し、写真技術書・研究書の翻訳やそれに基づく撮影・現像の技術開発を推進した。また、水戸徳川家・越前松平家・高松松平家・島津家・黒田家・鍋島家など、当時写真研究を行っていた諸大名との連携を図りながら、長崎や横浜などから最先端技術を得るための情報ネットワークを形成していた。

文久元年（1861）9月に、慶勝自身の肖像写真の撮影に成功すると、兄弟など身近な人々の肖像写真の他、名古屋城の天守・御殿や武家屋敷、江戸屋敷とその庭園といった建造物や風景写真、第一次長州征討で総督として赴いた広島城下の様子をはじめとする歴史的舞台など、幕末維新期の様々な情景を撮影した。明治に入ってからも精力的に撮影を継続し、写真技術に磨きをかける日々を過ごした。維新後に居を構えた浅草・本所、および隅田川周辺を中心に、庶民の日常生活空間や近代化が進む東京の様子を数多く撮影している。慶勝の撮影方法は近景と遠景とのバランスを常に意識したもので、西洋的構図法に基づいて行われていた。パノラマ写真の撮影も所々で試みており、連続した空間による当時の風景が堪能できる。慶勝の撮影技術は、当時としては高水準にあったと位置づけられる。

これらの写真は鶏卵紙などに焼き付けられ、写真帳（アルバム）に整理して保管された。当時はガラスが貴重品であったことから、鶏卵紙に焼き付け終わると、撮影用の原板は薬品をおとして再利用されることが多かった。しかし注目すべきは、当研究所には、コロジオン湿板方式で慶勝が撮影した写真のガラス原板が多数遺されていることである。この方式で出来上がった画像は感光した部分が灰白色で、ガラス原板の下に黒い紙などを敷くと、ポジ画像としてそのまま見ることが可能であった。これをアンブロタイプと称した。慶勝が撮影したガラス原板の写真（アンブロタイプ）は桐箱に納められ、自筆で撮影場所や撮影年月日が墨書されている。なかには写真の裏側に、調合した薬剤を慶勝が記したものもあり、当時の写真技術の一端を知るうえで大変貴重である。

尾張徳川家によって整理し、保管されていた写真帳のなかで、現在当研究所が所蔵しているのは37冊である。そのうち、慶勝が撮影、あるいは収集した写真を整理した写真帳は帙入りで、多くは折本になっているが、一部は洋装丁したものもある。表紙の装丁は布を張って松皮菱の連続文様を織り出したものや、宝相華唐草模様が施されたマーブル紙を使用したものなど様々である。表紙には、題箋が貼り付けられており、「幕末 人物 殿舎 風景写真 二帖 慶勝公自写」「幕末 熱田浜御殿 名古屋城内屋敷 慶勝公自写」「本所横網界隈写真」「本所長岡 浅草邸 両国 亀井戸界隈写真」などと記され、慶勝の号である「梅柳園」の方印が押されている場合もある。写真にはマーブル模様の縁取りがなされているものが多く、撮影場所が特定できる写真については、その場所を記した付箋が貼り付けられている。これらの写真帳は、慶勝自身、および尾張徳川家によって、名古屋で撮影した写真と江戸・東京の撮影分とに分類され、整理されたと考えられる。また、慶勝が使用したと思われるカメラ・時計・鏡などの舶来品や「千鳥の香炉」などの御手許品を撮影した写真を整理した「新古道具 器具 金鯱写真帳」もある。撮影された御手許品のなかには、徳川美術館（名古屋市東区）に伝えられた什宝として現存しているものが多い。

慶勝は明治16年（1883）８月１日に60歳で死去するが、尾張徳川家では十八代当主義禮《よしあきら》、十九代当主義親《よしちか》と、引き続き歴代当主の行動を記録した数多くの写真が撮影された。義禮は讃岐高松松平家八代当主頼聰《よりとし》の二男で、明治９年５月に慶勝の養子となり、同13年９月に家督を相続した。幼少期から成人にかけての肖像写真をはじめ、慶勝の七女良子《かたこ》と結婚して間もない時期の写真、同33年に東京から名古屋に移住した際に建築された大曽根《おおぞね》邸内部を撮影した「名古屋徳川邸写真帳」、同41年５月に死去した際の荘厳な葬儀風景の写真など、生涯にわたって記録されている。

義親は越前福井松平家十六代当主松平春嶽の五男として生まれ、義禮の養子となって家督を相続した。当主となった翌年の明治42年11月には慶勝の孫・米子と結婚した。義親の代に撮影された写真は、自身の肖像写真、実家である福井松平家の家族や什宝を撮影したガラス原板・フィルムの他、義親が手掛けた事業に関するものが中心である。とくに慶勝が旧藩士のために実施した北海道八雲における開拓事業の遺志を継ぎ、さかんにこの地を訪れ、八雲の発展に尽力した。そのため、大正期から昭和にかけての八雲の情景や義親の行動を記録した写真やフィルムが数多く現存している。そのなかには義親自ら撮影した写真も含まれている。

その他に、皇族や旧徳川将軍家、御三家をはじめとする旧大名家当主（華族）などの名刺判写真を収録したウインドーズ・アルバムや、京都の名所を撮影した「西京名蹟写真帳」、明治23年に愛知県で行われた陸軍特別大演習を撮影した「尾張三河国大演習写真帳」、同24年10月28日に発生した濃尾大地震の被害状況を記録した「愛知県名古屋市始メ大地震写真帳」、さらには、国の重要文化財に指定されている定光寺（愛知県瀬戸市）の源敬公廟（源敬は尾張徳川家初代当主義直の諡）を昭和31年から同58年の間に行われた修復時に撮影した写真帳など、慶勝以降に尾張徳川家が収集した写真帳も所蔵している。また、かつて尾張藩が領有していた木曽山で、昭和初期に行われていた材木伐採から搬出の方法を記録した「木曽運材写真」は、林政史研究に資すべき貴重な資料といえよう。

なお、当研究所所蔵写真については「徳川林政史研究所所蔵写真資料目録」一～七（徳川林政史研究所『研究紀要』第26号～32号、1992～1998年）を参照していただきたい。

本書掲載写真の内容

『写真集 尾張徳川家の幕末維新』では、徳川慶勝が自ら撮影した写真、および慶勝が歩んだ幕末維新という激動の時代の様々な情景を記録した写真のうち、初公開を含めて307点を紹介する。掲載写真の詳細は、各章の冒頭解説やキャプションで述べるが、構成は以下の通りである。

プロローグ　徳川慶勝とその家族

幕末から明治へと我が国の歴史が大きく転換していった時代を生きた徳川慶勝と、彼を支えた家族の肖像写真25点を紹介する。慶勝は自身の肖像写真の撮影に成功して以来、茂徳《もちなが》・容保《かたもり》・定敬《さだあき》といった弟たちの当時の姿も撮影している。慶勝を含めた４人は「高須四兄弟」と称された。明治に入ると、当時活躍していた写真師に撮影を依頼するようになり、慶勝夫人の矩子《かねこ》（準子・貞徳院）や娘の良子・富子の姿が写されている。また、十八代当主義禮・良子夫妻の間に生まれた米子、慶勝の十一男義恕《よしくみ》など、次世代の尾張徳川家を担う家族の写真も掲載している。

第１章　徳川慶勝と激動の時代

我が国に写真技術がもたらされた当初から、慶勝が研鑽を積んで撮影に成功した写真や彼が駆け抜けた幕末維新期の歴史的舞台を撮影した写真など53点を掲載した。江戸の戸山下屋敷の御殿内部や「天下の名園」と称された戸山荘の景観を撮影した写真をはじめ、上洛時の宿所となった京都の知恩院や、元治元年（1864）10月に第一次征長総督に任命された際、本営となった広島城、および城下の武家屋敷を行き交う人々などを撮影した写真などを紹介する。また、慶応４年（1868）の戊辰戦争時、徳川一門でありながら新政府側に味方するという苦渋の決断をした慶勝は、幕府側についた弟の松平容保・定敬とは袂を分かつことになったが、落城した会津若松城の写真を手許に置いて弟・容保の動向を気にかけていたことが窺える１枚も掲載している。

第２章　幕末・明治の名古屋

慶勝が撮影した幕末から明治初年の名古屋城内と城下の様子を記録した写真68点を掲載した。名古屋城天守と金鯱、二之丸御殿と庭園、下御深井《したおふけ》御庭、新御殿、三之丸御屋形と武家屋敷、城下の風景の写真で構成している。慶勝が撮影した城内は、居館だった二之丸御殿の内部や奥に広がる庭園など、その多くは当主しか立ち入ることができない空間の写真である。二之丸西側に設けられた埋門《うずみもん》の石垣の下から下御深井御庭に通じる軍事機密にかかわる秘密のルートも撮影している。当主自身が撮影したからこそ遺された写真であり、城郭研究の上でも貴重である。また、慶勝は隅櫓の中から、若宮祭礼の山車行列を撮影しており、江戸時代の祭礼の様子が写された唯一の写真として注目に値する。名古屋城下の撮影は少ないが、商家の二階から撮影された写真や熱田の東浜御殿・西浜御殿付近を撮影した写真がある。

第３章　江戸から東京へ

慶勝が撮影した写真の多くを占めるのが、明治初年に撮影された東京の景観写真である。本章では105点を掲載した。慶勝は主として本所長岡町・本所横網《よこあみ》町の本邸、および浅草瓦町の別邸内をはじめ、浅草・両国、本所周辺の景観を撮影している。なかでも本所横網町邸内に設けられた三階建ての望楼の屋上から隅田川界隈を撮影した９枚続きのパノラマ写真は、360度撮影に成功した写真として大変貴重である。特記すべきは亀戸天神のような名所の他に、商家が建ち並ぶ町並みなど庶民生活に関わる空間を撮影した写真が多いことで、そこから失われた江戸の原風景を偲ぶことができる。一方、兜町の第一国立銀行、新橋付近の銀座煉瓦街《れんががい》、旧江戸城下の武家屋敷が解体される様子を撮影した霞ヶ関方面を望んだ連続写真など、近代化が進む明治初期の東京の情景を知ることもできる。また、慶勝の高度な写真技術は明治天皇にまで聞こえ、皇居内の吹上御苑の撮影を依頼されている。慶勝は御苑内の瀧見御茶屋などを撮影し、そのとき献上した写真も遺されている。

第４章　新天地 北海道・八雲の情景

慶勝は旧藩士の窮乏を救うため、明治11年（1878）より北海道八雲での開拓事業に着手した。本章では新天地・八雲での開拓を記録したアルバムに納められた写真のうち、51点を掲載した。このアルバムは八雲産業株式会社八雲事業所（北海道二海郡八雲町）に保管されていたが、平成17年（2005）に尾張徳川家から寄贈の形で当研究所が受け入れることになったものである。開拓当時の様子が垣間見られる風景や町並み、緑と水の豊かな立地を生かして発展した農業・酪農業・林業・漁業などに関する開墾地や施設、開拓に多大な貢献をした人々を撮影した写真を掲載している。

エピローグ　激動の時代を乗り越えて

慶勝・茂栄《もちはる》・容保・定敬の「高須四兄弟」が、明治11年（1878）９月３日に銀座の二見朝隈《ふたみあさま》写真館に出向き、揃って記念撮影を行った写真を中心に５点紹介する。幕末維新という激動の時代を乗り越えて再会をはたした兄弟の絆の強さが伝わってくる、慶勝にとっては生涯忘れることのできない１枚といえよう。

なお、本書で紹介した写真の一覧は巻末に掲載している。また、幕末維新期における写真研究の実態を解明していく一助として、当研究所に所蔵されている徳川慶勝直筆の写真研究書・技術書２点を翻刻して収録した。

プロローグ

徳川慶勝とその家族

徳川慶勝《よしかつ》は、文政7年（1824）3月15日に尾張徳川家の分家である美濃高須松平家の十代当主松平義建《よしたつ》の二男として誕生した。幼名は秀之助と称した。生母は水戸徳川家七代当主治紀《はるとし》の五女規姫である。すでに長男が早世していたため、誕生した時から嫡男として養育された。幼少の頃から読書を好み、武技も嗜む賢明な人物として評価が高く、叔父にあたる水戸徳川家九代当主斉昭《なりあき》もその才能を賞賛していた。

天保12年（1841）11月に元服して義恕《よしくみ》と名乗り、弘化4年（1847）3月には陸奥国二本松を領していた丹羽家九代当主長富《ながとみ》の娘矩姫《かねひめ》（のちに矩子、準子、貞徳院）と縁組した。婚礼は嘉永2年（1849）閏4月28日に行われた。婚礼の直前、尾張徳川家十三代当主慶臧《よしつぐ》が14歳で死去したため、同年6月4日に家督を相続して十四代当主になった。翌月江戸城に登城して、十二代将軍徳川家慶《いえよし》から諱の一字「慶」を賜り、「慶恕《よしくみ》」と名乗った。万延元年（1860）9月には「慶勝」と改名した。

このころの尾張徳川家は、九代当主宗睦《むねちか》のときに初代義直《よしなお》以来の血統が途絶えたため、十代当主となった斉朝《なりとも》から4代にわたって、十一代将軍徳川家斉《いえなり》の子供や親族が家督を相続する状況が続き、幕府に対する家中の不満が高まっていた。そのため、尾張徳川家の血縁者からの養子を望む声が大きくなるなか、慶勝が尾張徳川家の新たな当主に決まった時、家臣や領民たちは歓喜して躍り上がったといわれている。

慶勝には茂徳《もちなが》・容保《かたもり》・定敬《さだあき》と3人の弟がおり、慶勝を含めた4人は「高須四兄弟」と称された。四兄弟はいずれも幕末・維新期の政局に深く関わり、この時代を語るうえでは欠かせない重要な役割を果たした人物である。慶勝は文久元年（1861）9月に自身の肖像写真の撮影に成功して以来、弟たちの当時の姿も撮影して大事に保管していた。

弟たちと幕末の政局に奔走するなか、慶勝には安政2年（1855）に矩姫との間に女児が誕生した。その子は早世したが、以後、側室との間で21人（男12人・女9人）の子女に恵まれた。そのうち元服をむかえた男子は三男義宜《よしのり》と十一男義恕《よしくみ》である。義宜は慶勝の後見のもと、文久3年（1863）9月に尾張徳川家十六代当主となった。しかし、明治8年（1875）11月に18歳の若さで死去すると、慶勝が再び家督を相続して十七代当主となった。このとき慶勝に男子がいなかったため、同9年5月に讃岐高松松平家八代当主頼聰《よりとし》の二男義禮《よしあきら》を養子に迎えた。同11年11月に実子である義恕《よしくみ》が誕生したが、慶勝は同13年9月に隠居した際、当初の予定通り家督を義禮に譲り、義恕は同21年6月に分家として一家を興すことになった。

慶勝の息女のうち、三女道姫は分家の高須松平家十四代当主義生《よしなり》の室となった。四女登代子（豊姫）は尾張徳川家十八代当主義禮と結婚したが、その後七女良子《かたこ》が継室となった。八女の富子は侯爵毛利元昭《もとあきら》と結婚した（のち戸田康泰《やすひろ》と再婚）。やがて義禮と良子との間には長女米子が誕生したが、慶勝はすでに死去しており、孫の姿を見ることは叶わなかった。なお、米子は明治42年11月に義禮の養子で十九代当主となった義親《よしちか》（松平春嶽五男）と結婚することになる。

長年にわたり尾張徳川家に保存され、現在、徳川林政史研究所が所蔵している写真のなかから、幕末から明治へと我が国の歴史が大きく転換していった時代を生きた慶勝とその家族の姿に迫っていきたい。

高須四兄弟の肖像

1　徳川慶勝肖像(1)

徳川慶勝を撮影した湿板写真（アンブロタイプ）。桐箱に納められている。「文久元酉九月吉日慶勝肖像　酉三十七歳」と蓋裏に自筆で墨書されており（１ページ参照）、慶勝が撮影した写真の中で最も古い年号が記されたものである。慶勝は文政７年（1824）生まれで、文久元年（1861）は数えで38歳である。慶勝自ら被写体となり、家臣に撮影させたと思われる。撮影に成功した第１号の写真である可能性が高い。

2　徳川茂徳《もちなが》肖像

天保2年（1831）に美濃高須松平家十代当主義建《よしたつ》の五男として生まれる。兄慶勝が尾張徳川家を相続したため、高須松平家の嫡子となり、嘉永3年（1850）に高須松平家当主となる。安政5年（1858）に慶勝の隠居により尾張徳川家十五代当主となる。文久3年（1863）に家督を慶勝の三男元千代（義《よし》宜《のり》）に譲り、隠居して玄同と号していた時期に撮影された肖像写真（アンブロタイプ）と考えられる。慶応元年（1865）より茂栄《もちはる》と名乗った。同2年に一橋慶喜が将軍となったため、一橋徳川家を相続した。写真の裏には「一橋様」と墨書があり、慶勝が写真を整理していたことがうかがえる。

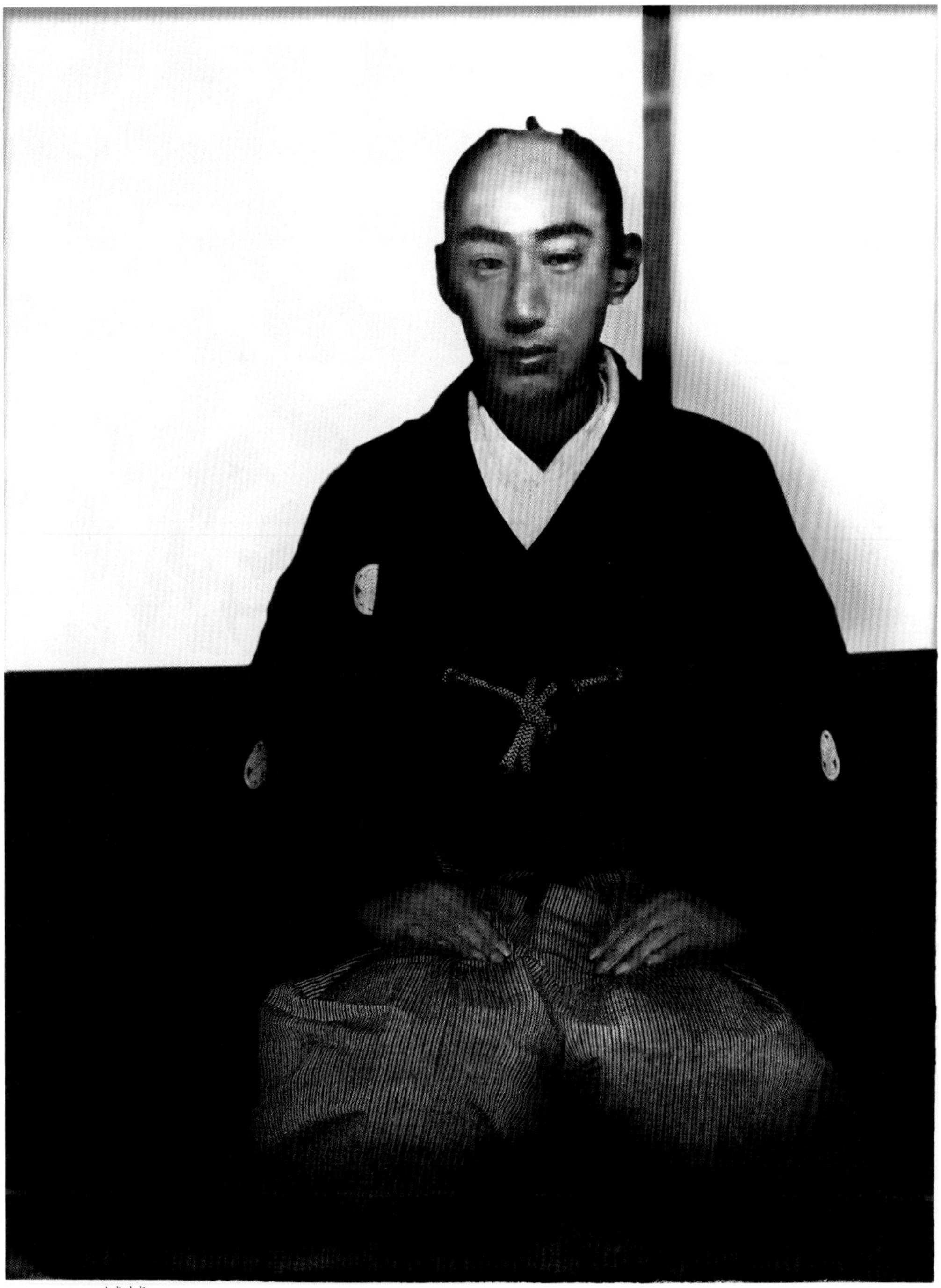

3　松平容保《かたもり》肖像

天保6年（1835）に松平義建の七男として生まれる。嘉永5年（1852）に会津松平家九代当主となる。この写真が撮影された文久2年（1862）に京都守護職に就任し、急進的な尊攘派が活動する京都の治安維持に奔走した。湿板写真（アンブロタイプ）の裏には「松平肥後守容保　文久二壬戌冬齢二十八歳」と墨書がある。

4　松平定敬《さだあき》肖像

弘化３年（1846）に松平義建の八男として生まれる。慶勝とは22歳も年の離れた弟である。安政６年（1859）に松平定猷《さだみち》の養子となり、桑名松平家十三代当主となった。文久２年頃に撮影された写真である。この肖像写真（アンブロタイプ）の裏に「桑名様」と墨書がある。元治元年（1864）に19歳の若さで京都所司代となり、兄容保《かたもり》を補佐した。

慶勝と矩子

5　徳川慶勝肖像⑵

慶勝は明治11年（1878）9月に、東京銀座の二《ふた》見《み》朝《あさ》隈《ま》写真館で弟の茂徳《もちなが》・容保・定敬《さだあき》とともに、写真撮影をしている。そのときの風貌と似ていることから、同時期に撮影した写真と推定される。

6　矩子（準子・貞徳院）

天保2年（1831）12月、陸奥国二本松の丹羽家当主長富《ながとみ》の三女として生まれる。名は矩《かね》姫（矩子）、明治維新後は準《かね》子、慶勝の死後は貞徳院と称した。嘉永2年（1849）閏4月に慶勝と結婚した。明治21年（1888）2月に東京の本所横網町邸内の月見亭で撮影したものと思われる。写真の裏面に「末廣印（徳川義禮）御側御写真」と記されている。

7　徳川政子肖像

矩姫（矩子）の妹。天保9年（1838）5月に丹羽長富の五女として生まれた。嘉永6年（1853）12月に、慶勝の弟茂徳（のちの一橋茂栄）と結婚した。明治33年（1900）8月以前の撮影と推定される。

慶勝の子供たちと家族

8　松平晨若（徳川義禮）肖像

文久３年（1863）９月、讃岐高松松平家八代当主松平頼聰《よりとし》の二男として生まれた。幼名は晨若《ときわか》。のちに義禮《よしあきら》と改名する。明治９年（1876）５月に慶勝の養子となり、同13年９月に尾張徳川家十八代当主となる。

9　徳川義禮肖像(1)

少年期の義禮。東京浅草で開業していた江崎禮二が撮影したもの。

10　徳川義禮肖像(2)

写真の裏に「明治十四年七月九日」と記されており、十八代当主になってからの義禮の姿であることが確認できる。東京銀座で開業していた二見朝隈が撮影した。

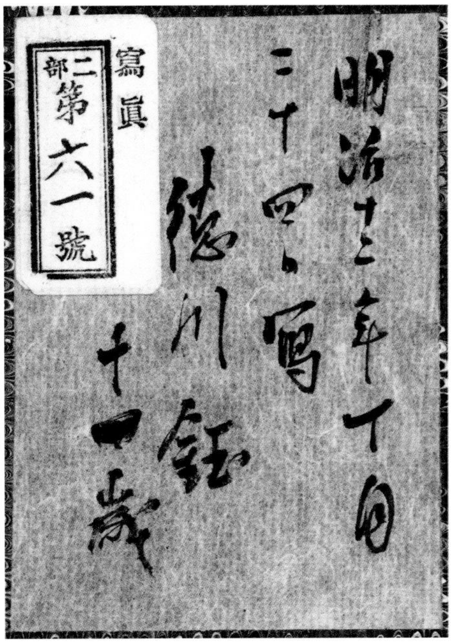

〈写真裏面〉

11　徳川鉦（良子）肖像

慶勝の七女良子《かたこ》（鉦）の姿をとらえた写真（ガラス原板）。明治２年（1869）３月に生まれる。写真の裏に「明治十二年十月二十四日写 徳川鉦十一歳」と慶勝自らが墨書している。

12　徳川良子・富子肖像

慶勝の娘である良子（右）・富子（左）姉妹を撮影したもの。明治26年（1893）４月８日に写真師江崎禮二が撮影したもの。

13　徳川義禮・良子肖像

慶勝の七女良子は義禮と結婚した。結婚して間もない夫妻の写真。横浜で開業していた写真師鈴木真一が撮影。

14　徳川義禮と良子

明治21年（1888）２月27日に東京の本所横網町邸内の月見亭で撮影。同じ紙焼きした写真が８枚現存しているが、そのうち母矩子に贈ったもの。このとき義禮は26歳、良子は20歳である。

15　徳川總子肖像

總子は讃岐高松松平家八代当主頼聰の息女で義禮の妹にあたる。水戸徳川家十二代当主徳川篤敬《あつよし》の妻となった。

16　徳川義禮と義恕

十六代当主義宜《よしのり》が明治8年（1875）に18歳の若さで亡くなった後、慶勝が再び尾張徳川家の家督を相続した。このとき慶勝に男子がいなかったため、同9年に義禮を養子としたが、同11年11月に義恕《よしくみ》が誕生した。しかし、慶勝は同13年に予定通り家督を義禮に譲り、実子（十一男）の義恕は同21年6月に分家として一家を興すことになった。

17　徳川良子と義恕

慶勝の十一男義恕とその姉良子。写真14と同じ時期に本所横網町邸内の月見亭で撮影したもの。

18　毛利元昭肖像

19　富子肖像(1)

20　富子肖像(2)

富子は明治３年（1870）11月に慶勝の八女として生まれ、侯爵毛利元昭《もとあきら》と結婚した。元昭は慶応元年（1865）２月に生まれ、明治30年（1897）１月に毛利家の家督を相続した。このページに収録した３枚の写真は、いずれも東京の芝新シ橋で開業していた写真師丸木利陽が撮影したものである。写真19は裏面の記載から、明治21年12月頃に撮影されたことがわかる。

21　米子

義禮・良子夫妻の娘米子《よねこ》。明治25年（1892）３月26日に誕生した。東京浅草の写真師江崎禮二が撮影したもの。誕生間もない同26年４月８日に撮影された。

22　矩子と米子

慶勝の夫人矩子（準子・貞徳院）と孫の米子。米子が３歳頃の写真と思われる。慶勝はすでに亡くなっており、孫と一緒に写真におさまることは叶わなかった。江崎禮二写真館で撮影。

23　徳川義禮・良子・富子・米子

右側が義禮、中央が慶勝の七女で義禮の妻である良子、左側は慶勝の八女富子、乳母車の中にいるのは義禮・良子夫妻の娘米子。明治26年（1893）頃、東京浅草の江崎禮二写真館で撮影したもの。のちに米子は尾張徳川家十九代当主となる義親《よしちか》（松平春嶽の五男）と結婚することになる。

24　尾張徳川家集合写真

左端が良子、その隣が富子、中央が義禮・良子夫妻の娘米子、その隣が義恕、右端が慶勝の夫人矩子（準子）。明治28年（1895）頃、東京浅草の江崎禮二写真館で撮影したもの。

25　徳川義禮とその家族

左端が米子、隣に座っているのが義禮、その隣は慶勝の十一男義恕、右端は義禮の甥宗敬。宗敬の実父は水戸徳川家十二代当主徳川篤敬、養父は慶勝の弟茂徳（一橋茂栄）の子達道である。写真師丸木利陽が撮影。

第１章

徳川慶勝と激動の時代

尾張徳川家十四代当主となった徳川慶勝《よしかつ》は、藩政改革に着手し、財政再建や綱紀粛正、軍備拡張などに取り組んだ。ところが、当主となって４年後の嘉永６年（1853）６月、国内を揺るがす衝撃的な出来事に直面した。黒船の来航である。開国をめぐっては幕府の方針に異を唱え、安政５年（1858）６月には、江戸城において、大老井伊直《なお》弼《すけ》が勅許を得ないまま日米修好通商条約に調印したことを糾弾した。しかし、このときの不時登城を咎められて隠居・謹慎を命じられた。こうして江戸の戸山下屋敷で隠居・謹慎生活を送ることになったが、その頃、西洋の最先端科学技術に高い関心をもっていた慶勝は、写真技術に着目し、本格的に研究を始めた。側近や洋学者等によるプロジェクトチームを結成し、当時主流であったコロジオン湿板写真方式による撮影実験に没頭した。その一端は慶勝自筆の研究ノートからも垣間見える。研究費用は自身の御手許金《おてもときん》から支出された。

独自の方法で研鑽を積んだことにより、慶勝はついに戸山下屋敷の写真撮影に成功した。そのなかには、御殿内部の部屋を撮影した写真も存在する。当時の撮影技術では、採光が制約される室内を撮影することは極めて難しかったが、比較的鮮明な画像が遺されている。戸山下屋敷には13万坪余に及ぶ庭園が広がり、数々の名勝や原寸大で再現された宿場町があった。その一部を慶勝は撮影しており、「天下の名園」と称された「戸山荘」の景観が判明する。江戸市谷の上屋敷を撮影した写真も現存する。なかには慶勝が誕生した美濃高須松平家の四谷上屋敷から撮影したと思われるパノラマ写真があり、市谷上屋敷の全景を知ることができる。

写真研究に没頭するなか、慶勝が再び歴史の表舞台に登場するときがやってきた。安政７年（万延元・1860）３月３日に桜田門外の変で大老井伊直弼が暗殺されると、同年９月、十四代将軍家茂《いえもち》の命により謹慎を解かれ、文久２年（1862）４月には正式に赦免された。復権した慶勝は、攘夷問題をめぐって揺れる幕府と朝廷の仲介に尽力し、文久３年正月に将軍家茂の上洛に随行した時には、同年４月に将軍を補佐する「将軍補翼《ほよく》」に任じられた。

国難を乗り切るために公武一和を第一に考えて奔走していた慶勝は、朝廷・幕府双方から厚く信頼され、元治元年（1864）10月には第一次征長総督に任命された。このとき本営となる広島へは撮影器材を一式揃えて着陣し、広島城天守や城下の武家屋敷を行き交う人々を撮影している。もちろん指揮官としての職務を忘れて撮影に没頭していたわけではない。内乱の長期化を危惧していた慶勝は、水面下で軍事行動を回避するため、長州藩に対する寛大な処置による解決を画策していたのである。巧みな外交交渉で長州藩を降伏させたものの、こうした姿勢は幕府主導の処置に固執した実弟の松平容保《かたもり》（京都守護職）などから非難され、幕府と慶勝の関係に亀裂が生じる一因となった。

所労を理由に政治の表舞台から退いていた慶勝は、慶応３年（1867）12月の王政復古で新たに設置された三職の一つ、議《き》定《じょう》に就任した。しかし、翌年正月に戊辰戦争が始まり、鳥羽・伏見の戦いで旧幕府軍が敗退し、十五代将軍であった徳川慶喜が江戸に逃れると、徳川一門筆頭として立場を明確にする必要に迫られた。内戦の長期化を回避し、短期間に政権を交代させる必要性を痛感していた慶勝は、新政府側に立つという苦渋の決断を下した。そこで、佐幕派の重臣を粛正して（青松葉事件）、勤王の立場を鮮明にし、東海道・中山道沿いの諸大名・旗本・寺社に対して新政府側に味方するようにと「勤王誘引《きんのうゆういん》」活動を展開した。この決断により、新政府軍は速やかに江戸に進軍し、江戸開城が実現したが、幕府側についた弟の松平容保（会津松平家九代当主）・定敬《さだあき》（桑名松平家十三代当主）とは袂を分かつことになった。

慶応４年８月、容保の軍勢は会津若松城に籠城して新政府軍との間で壮絶な戦闘を繰り広げていた。籠城戦は１か月におよんだが、ついに会津若松城は落城した。この戦闘で無惨な姿に変貌した天守を撮影した写真が現存しているが、これは慶勝の手許に置かれていたといわれている。敵味方に分かれたとはいえ、弟の動向を気にかけていたことが窺える貴重な１枚といえよう。

本章では、慶勝が遺した写真から、幕末維新史を彩る様々な情景を探っていきたい。

写真研究の幕開け

1　徳川慶勝肖像(1)

端座する徳川慶勝を撮影した湿板写真（アンブロタイプ）。写真の裏面に慶勝自筆で「文久二壬戌秋三十九歳」と記されている。慶勝は大老井伊直弼《なおすけ》が桜田門外の変で暗殺された半年後の万延元年（1860）９月４日に、隠居・謹慎を解かれ、名を「慶恕《よしくみ》」から「慶勝」と改めた。この写真が撮影された文久２年（1862）に正式に赦免され、同年10月には従二位権大納言《ごんのだいなごん》に昇進した。慶勝が再び歴史の表舞台に登場する直前の姿である。

2　徳川慶勝肖像(2)

江戸の戸山下屋敷御殿内で撮影した湿板写真（アンブロタイプ）。露光が長いためか、柱に寄りかかるようにして撮影を行っている。文久元年（1861）９月に撮影された慶勝38歳の時の肖像である。条約調印をめぐる不時登城事件により、隠居・謹慎の処分をうけ、本格的に写真研究を開始した頃のものである。同時期に撮影された自身の肖像写真は桐箱に納められており（プロローグ・写真１）、慶勝を撮影した写真のなかで最も古いものの一つである。

3　徳川慶勝肖像(3)

慶応２年（1866）に撮影された写真で、この時、慶勝は43歳である。手に持つ石首魚《いしもち》石入《いしいり》蠟色塗《ろいろぬり》刀拵《かたなごしらえ》や、腰に差す同仕様の脇差拵、下に敷く絨毯《じゅうたん》は、徳川美術館（名古屋市）に現存している。写真裏面には、慶勝自筆で「ヨシウム フロミーム少々 全硫酸鉄酢酸入」と、現像の際に用いられた薬剤が記されている。

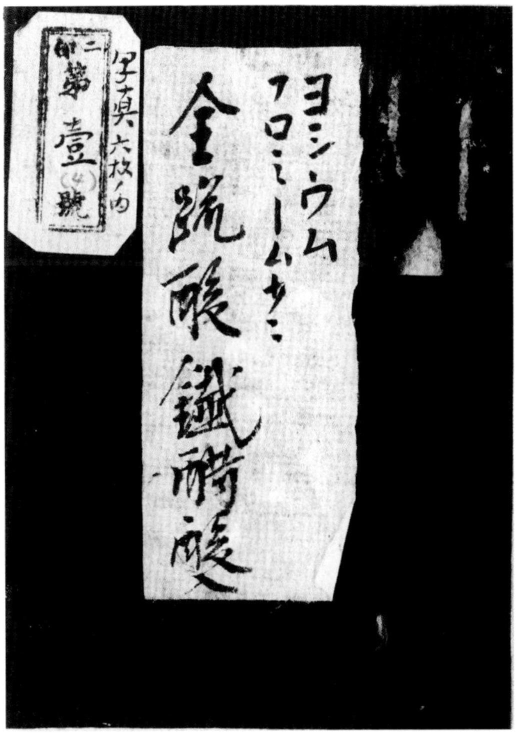

〈写真の裏面〉

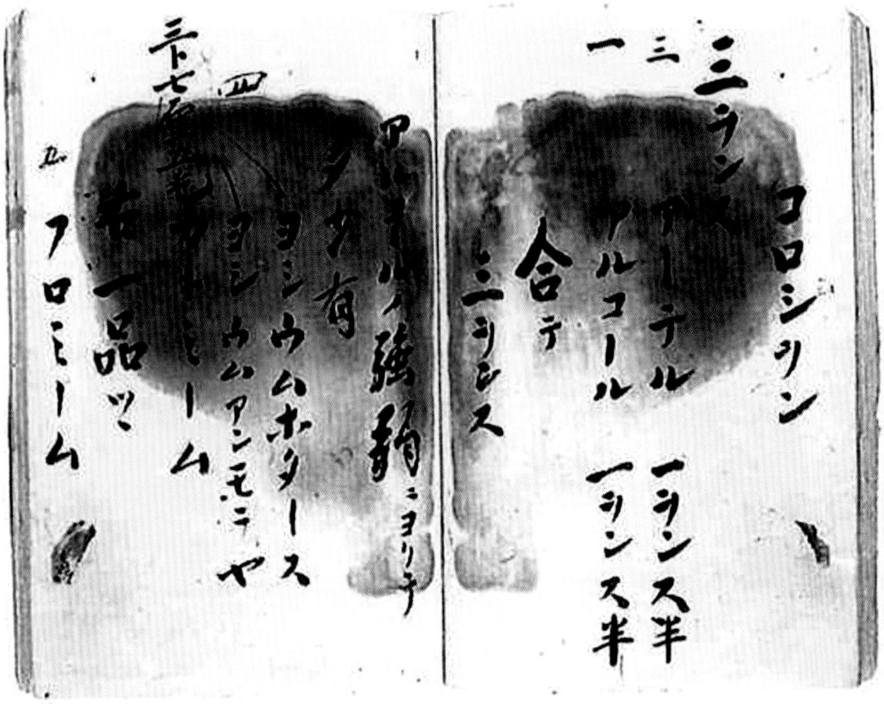

参考① 旧習一新記

慶勝自身が写真に使用する薬剤の調合法を記録した研究ノート。紙面全面に薬品がこぼれた染みが付いている。文久２年（1862）８月と記した慶勝自筆の奥書がある。慶勝が撮影したと思われる写真には、文久元年撮影のものもあることから、このノートが作成された当時は、すでに写真撮影には成功していたことになる。しかし、「旧習一新」とあるように、従来の水準ではあきたらず、より高水準の写真撮影を行うため、さらに写真研究を本格化させたと思われる。

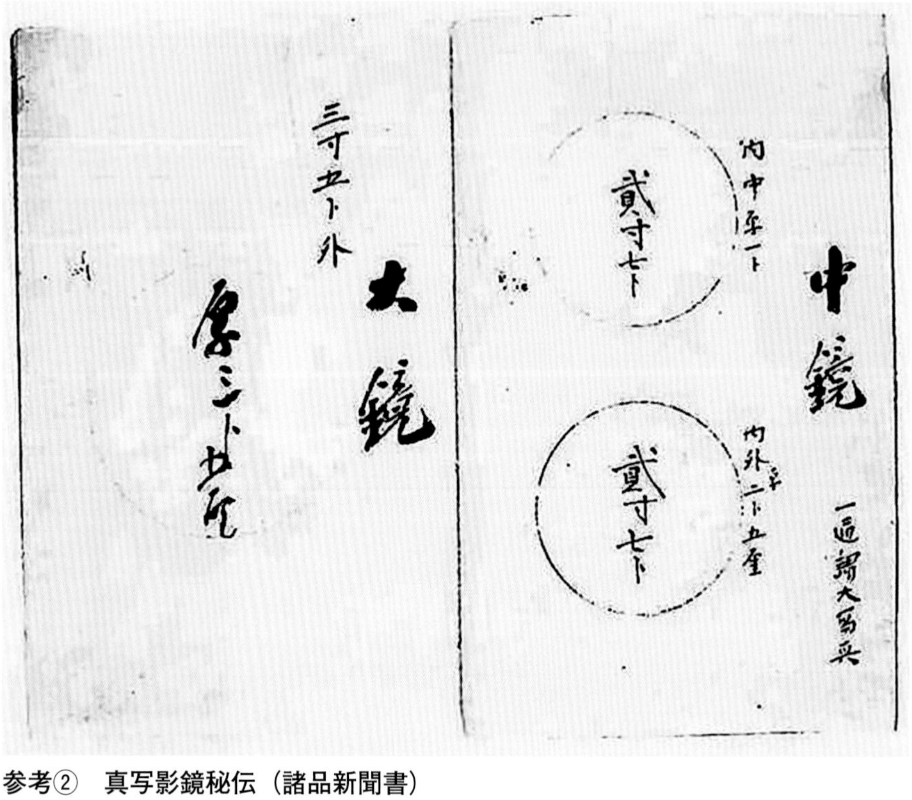

参考② 真写影鏡秘伝（諸品新聞書）

写真の現像方法、薬品の調合、撮影技術に関する慶勝自身の実験記録。コロジオン湿板方式の写真に関する様々な情報も書き留められており、慶勝が当時最新鋭の写真技術に関する積極的な調査を行っていたことがわかる。薬品の成分や調合に関するメモやレンズの型紙などが貼り付けられている。

4　スライディングボックス式カメラ

5　蛇腹式カメラ

双方とも、幕末、日本にもたらされたカメラで、慶勝が使用したものと思われる。いずれも現存していないが、使用したカメラの写真を撮影し、「新古御道具・器具・金鯱写真帳」というアルバムに収録している。そのうちスライディングボックス式カメラは、胴体後部の箱を前後に動かして、焦点を合わせる仕組みとなっている。

江戸屋敷と庭園

〈戸山下屋敷〉

6　戸山御庭 御町屋

13万坪余に及ぶ広大な戸山下屋敷内の庭園（戸山荘）の西南部には、東海道小田原宿を模した約300メートルにわたる原寸大の宿場町が造られていた。「古駅楼《こえきろう》」と名付けられた町屋が写し出されており、将軍や大名、旗本などが庶民生活を体験するという虚構の演出が行われた空間であった。戸山下屋敷を代表する名所として、多くの絵画にも描かれている。奥行きのある写真（アンブロタイプ）で、より明確にその景観を知ることができる。写真は桐箱に納められており、蓋には「戸山町屋」と記されている。

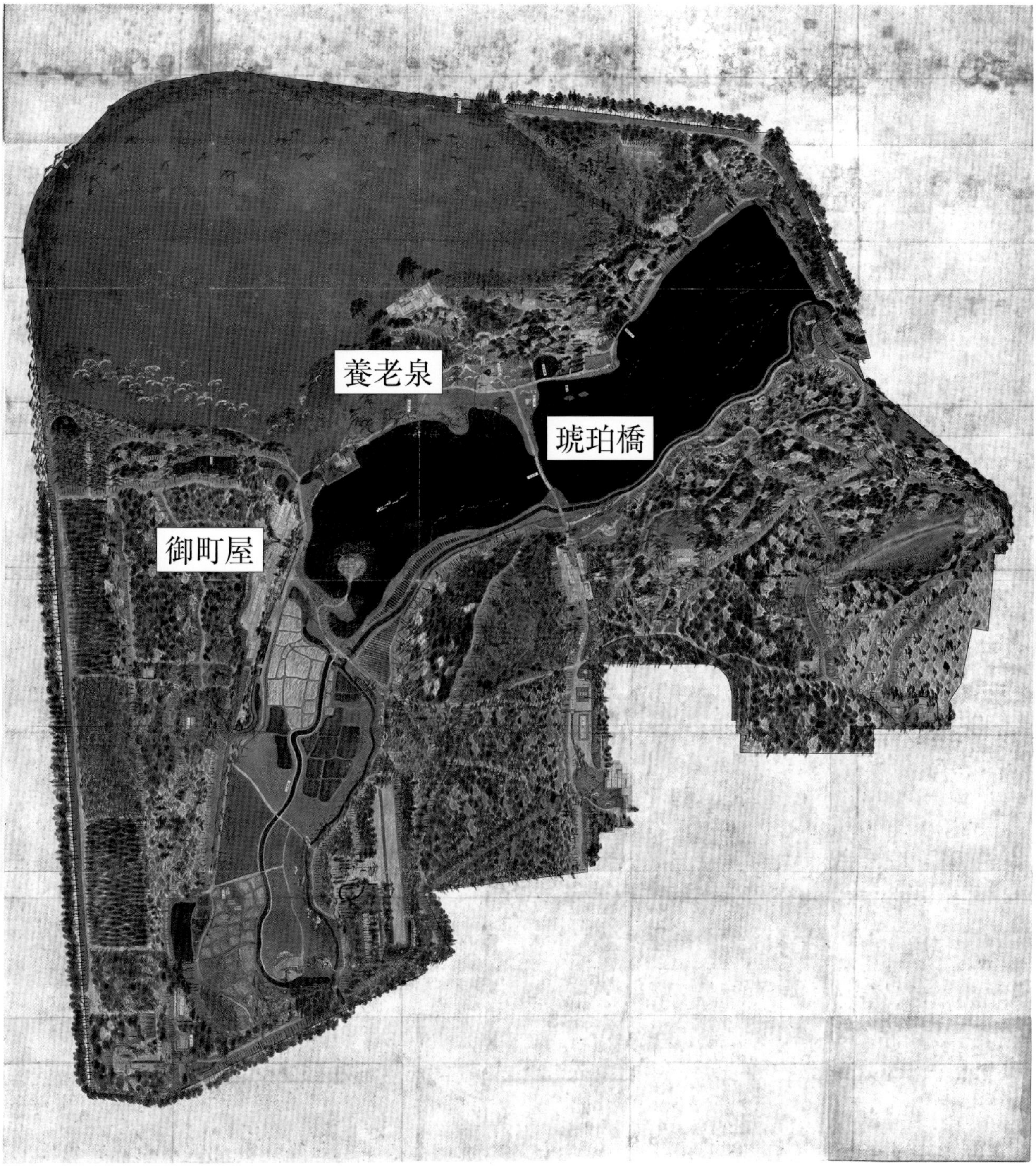

参考③　戸山御庭ノ図

寛政５年（1793）に十一代将軍徳川家斉が御《お》成《なり》（御《お》通抜《とおりぬけ》）をした頃の庭園図。広大な池を中心に、起伏に富み、趣向を凝らした庭園は将軍家斉によって天下随一の名園と賞賛された。四季折々の景観が描かれ、尾張徳川家九代当主宗睦《むねちか》の命で選定された「戸山荘二十五景」の地名が金箔の付箋に記されている。これらの名勝は慶勝によって撮影され、その写真から戸山御庭の一端が判明する。

7　琥珀橋

「戸山荘二十五景」の一つ、琥《こ》珀《はく》橋《ばし》の南側からの写真である。琥珀橋は、大池泉の中央に南北に架けられた大橋で、左奥には養老泉の茶屋（写真８）も写っている。

8　養老泉の茶屋

「戸山荘二十五景」の一つ、養老泉《ようろうせん》に接して建てられた茶屋の写真である。養老泉は、屋敷北部の崖下から湧き出た泉で、大池泉に注いでいた。寛政５年（1793）に将軍家斉は「御通抜」の際、この茶屋に立ち寄っており、その時は紅色の毛氈が敷かれた。

9　戸山下屋敷内渡廊下

御殿の渡り廊下を撮影した写真である。桐箱には慶勝自筆で「和田戸山」と記されている。具体的な場所は不明だが、廊下の腰板に貼られた壁紙が、慶勝の書斎や本間の壁紙と共通しており、これらの部屋を繋ぐ廊下だと思われる。

〈桐箱の蓋表〉

参考④　戸山下屋敷・庭園撮影写真の桐箱

慶勝が撮影した戸山下屋敷の御殿や庭園の写真は桐箱に納められた。桐箱の蓋には自筆で撮影場所のタイトルを記している。

10　戸山下屋敷 書斎

御殿内の書斎を撮影した写真である。桐箱の蓋には慶勝自筆で「戸山小齋」と記されている。額縁付きの洋画が掛けられ、複数の掛時計や鏡・ガラス製品などが置かれ、慶勝の舶来趣味を示す空間として彩られていたことがわかる。当時の撮影技術では、採光が制約される室内を撮影することは極めて難しかったが、慶勝は比較的鮮明な画像を得ることに成功している。

11　装飾ランプと時計

12　壁掛け鏡

御殿内の書斎に置かれていた掛時計や鏡を撮影したものかは確認できないが、写真11〜14のいずれも幕末・明治初期に慶勝が所持していた御道具や器具を撮影した写真帳に納められている。慶勝は時計への関心が高く、西洋の壁掛け時計の他、書斎内部に尺時計が飾られていたことが現存する写真から確認できる。

13　壁掛時計

14　懐中時計

慶勝は懐中時計を収集しており、専用の箪笥に保管していた。写真の懐中時計はコレクションの一つと思われる。箪笥とともに慶勝所用の懐中時計が11個現存しており、徳川美術館（名古屋市）が所蔵している。

15　戸山下屋敷 本間

「戸山本間」と墨書があることから、慶勝の御座所だった部屋を撮影した写真と思われる。炬燵《こたつ》や手焙《てあぶ》り・見台《けんだい》などの諸調度が、やや雑然と置かれている。大名の日常生活を示す貴重な１枚である。

16　戸山下屋敷 小座敷

慶勝の座敷を庭側から撮影した写真である。室内の炬燵が写っていることから、撮影は冬に行われたと推定される。太陽光がほぼ並行に照射された時間帯をねらって撮影が行われたと思われる。

〈市谷上屋敷の風景〉

17　市谷上屋敷正門を望む

明暦２年（1656）に拝領し、上屋敷として幕末まで利用された。幕末期には約７万5000坪の規模を誇った。江戸城市谷御門西側付近から外堀越しに屋敷を撮影している。道沿いに藩士が居住する二階建ての御長屋や物見所が建ち並んでいる。左側の登った位置に表御門と御長屋があり、その背後に御殿の御玄関などの屋根や火の見櫓（遠見所）が写っている。高台に壮麗な屋敷が建ち並んでいる景観は、横浜で販売された日本の名所を紹介する写真アルバムにも掲載されるほど、注目を浴びていた。

〈1〉

〈2〉

18　市谷上屋敷を望む（パノラマ写真）

屋敷の南側、および西側を撮影した写真で、構図から考えて、慶勝が生まれ育った尾張徳川家の分家である高須松平家の四谷上屋敷内北側より撮影した写真（現在の新宿区曙橋付近）と思われる。上屋敷の東端部の建造物群や周辺の町屋（〈1〉〈2〉）、南側崖下の御長屋、右端の崖上には茶室・西南台《せいなんだい》などが確認できる（〈3〉）。低地に展開する農家風の建物は、幕府御先手同心の組屋敷である。アルバムに貼り付けられている3枚の写真を並べると、同一箇所からのパノラマ写真として撮影された景観であることがわかる。なお、名古屋城下の慶栄寺《けいえいじ》（名古屋市西区）には慶勝が諸大名を招いた茶会で使用した折り畳み式の茶室の一つが現存しており、その障子には市谷上屋敷の遠望を撮影した写真のガラス板（ランタン写真）がはめ込まれている。

〈3〉

〈18—1〉

〈18—2〉

〈18—3〉

19　市谷上屋敷遠望⑴

写真18の左側（〈1〉〈2〉）の景観を少し角度を変えて撮影したものである。この写真のガラス板は、慶勝が使用した折り畳み式茶室の障子にはめ込まれている。

20　市谷上屋敷遠望(2)

写真19よりさらに接近して撮影したもの。高台にそびえ立つ御殿の建物群がより鮮明に確認できる。

21　市谷上屋敷遠望(3)

南東方向の屋敷の遠望を撮影した写真。写真18の右側（〈３〉）の景観をより接近して撮影している。市谷上屋敷は明治２年（1869）に明治新政府に接収された後、兵部省として利用され、同７年以降は陸軍用地となり、士官学校が建てられた。現在は防衛省、自衛隊駐屯地になっている。

幕末維新の舞台を撮る

〈名古屋〉

22　名古屋城天守

名古屋城北側の下《した》御《お》深《ふ》井《け》御庭《おにわ》（単に御深井御庭ともいう。現・名古屋市の名城公園）から撮影した天守の写真。手前の櫓は、御深井丸東北隅櫓に接続する多聞櫓である。慶勝は嘉永４年（1851）３月13日、当主として初めて名古屋城に入った。待望の殿様の登場で家臣や領民は歓喜して出迎えたという。

23　名古屋城本丸東南隅櫓・天守

名古屋城二之丸御殿の塀越しに撮影した本丸東南隅櫓（辰巳櫓）と天守（写真右奥）の写真。辰巳櫓は現存しており、重要文化財である。外見は二重だが内部は三階で、二階に出窓を設けており、その高さは13メートル近くもある。元治元年（1864）９月、慶勝は孝明天皇、十四代将軍徳川家茂双方から征長総督就任を要請されたため、名古屋を出発し、京都に向かった。

〈京都・大坂〉

〈左側写真の拡大〉

24　知恩院本堂背面

慶勝が京都滞在中に宿所とした東山にある知恩院の写真。知恩院は徳川家康以来、将軍家の厚い庇護を受けていた。二眼レンズによる撮影で、２枚の撮影角度は異なっている。２枚の写真を同時に見ると立体的な映像となるステレオ写真である。写真の裏には元治元年（1864）10月２日に撮影したとの書き込みがある。同月12日に慶勝は固辞し続けていた征長総督の命を全権委任を条件に受諾し、大坂城に入った。

〈右側写真の拡大〉

25　知恩院本堂右側面

同じく、慶勝が京都滞在中に宿所とした知恩院本堂の写真。この写真もアンブロタイプのステレオ写真で、２枚同時に見ることで立体的な映像となる。写真24と同様、元治元年（1864）10月２日に撮影したものと思われる。

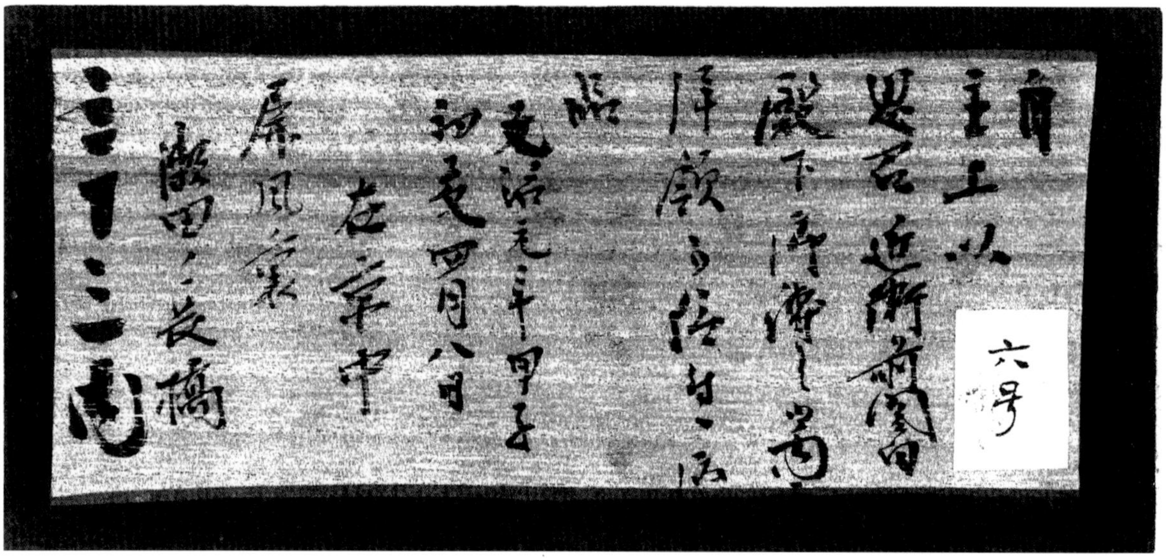
元治元年甲子
初夏四月八日
在京中
瀬田之長橋
六号

〈写真の裏面〉

26　孝明天皇から下賜された花生

写真裏面の墨書から、元治元年（1864）４月８日に孝明天皇の思し召しにより、前関白近衛忠熙家に伝来する花生を下賜されたことがわかる。背景の屏風は近江八景の一つ「瀬田の唐橋（長橋）」を題材に仕立てたものである。十四代将軍徳川家茂の２度目の上洛にともない、慶勝は同年２月26日に上京していた。公武一和のため周旋していた慶勝に対する孝明天皇の信頼は厚く、４月17日には正二位に叙せられた。

27　大坂城西丸乾櫓

大坂城三之丸京橋口と大手門の間から撮影した写真と思われる。幕末の大坂城を知るうえで貴重な１枚である。征長総督を引き受けた慶勝は、元治元年（1864）10月15日、大坂に到着した。22日に諸大名を参集して長州藩への対処に関する軍議が開かれた。慶勝は穏便な形で事態の収拾を図ろうとしたが、諸侯の意見集約は間に合わず、11月１日に大坂を出発し、広島へ出陣した。

〈征長総督慶勝と広島の風景〉

〈写真の裏面〉

28　広島城三之丸南門方面を望む(1)

慶勝は、元治元年（1864）11月16日に広島に着陣し、広島城三之丸南西部の堀外にある広島藩家老浅野右近の屋敷を宿所とした。その浅野右近邸北側より広島城三之丸南堀越しに撮影した三之丸南西部付近の櫓《やぐら》と三之丸南門のステレオ写真である。写真の裏には慶勝の自筆で「本丸」と記すが誤記である。同年12月25日に撮影したこと、元々は28枚の写真があったことも記されている。この間、広島に着陣した征長総督の慶勝は、長州藩の処分をめぐって、諸侯の意見一致が不可欠と考え、薩摩藩の西郷吉之助（隆盛）とともに、長州藩の支藩である岩国藩へ使者を遣わして事態の収拾を図った。それにより毛利敬親《たかちか》・元徳《もとのり》父子の官位停止や禁門の変の責任者である三家老の斬首を条件に和平案を取りまとめた。

29　広島城三之丸南門方面を望む(2)

写真28とほぼ同様の角度から撮影したアンブロタイプの写真。「廣嶋」と墨書された桐箱に納められている。

30　広島城三之丸櫓・天守遠望

広島城三之丸南側より撮影した三之丸南西部の櫓と、その奥右側にわずかに覗く天守を撮影した写真。櫓は広島藩家老浅野右近邸より撮影した三之丸土塁・南門（写真28・29）と思われる。「廣嶌」と墨書された桐箱に納められている。

31　広島藩家老浅野右近邸(1)

慶勝の宿所であった浅野右近邸内部の写真。邸内の御座所から撮影した写真と思われる。桐箱蓋表には慶勝自筆で「芸国楼」と記す。おそらく浅野右近邸の別名であろう。桐箱蓋裏には「同年同月廿八日写之」「芸州家老浅野右近　旅館　居宅」「長州征伐之節陣屋」とある。他の写真の書き込みから、撮影は元治元年（1864）12月28日に行われたことがわかる。

〈桐箱の蓋表〉

32　広島藩家老浅野右近邸(2)

33　広島藩家老浅野右近邸(3)（連続写真）

浅野右近邸内部を撮影したもので、写真31と写真32とをつなげてみると２枚の連続写真であることがわかる。

34　広島藩家老浅野右近邸内の庭園

浅野右近邸の庭園の写真。奥に三之丸土塁・南門を撮影した写真（写真28・29）に写る南門脇の櫓らしき建物が見えるため、邸内より北東方向を写したと思われる。桐箱蓋裏に「元治元歳甲子冬写之」と墨書し、「東」「南」の書き込みを入れている。この方角は撮影方向を示しているのであろう。

35　広島城下武家屋敷長屋門

広島城下のどこの武家屋敷かは撮影場所が特定できない。慶勝が広島で撮影した写真は、宿所となった浅野右近邸周辺に限られているため、おそらく浅野右近邸の建物ではないかと思われる。

36　広島藩家老浅野右近邸前・広島城一丁目御門(1)

桐箱蓋表に「廣嶌」としか記されていないが、奥に巨大な櫓門が見えることから、浅野右近邸前より南の一丁目御門を撮影した写真ではないかと思われる。人物は移動するため露光の長い当時のカメラでは通りを行き交う人々の輪郭を捉えきれないが、長州征討当時の城下の様子がわかる貴重な写真である。右側の屋敷は尾張徳川家の重臣の宿所と思われる。

〈桐箱の蓋表〉

37　広島藩家老浅野右近邸前・広島城一丁目御門(2)

写真36と同様、浅野右近邸前より南の一丁目御門を撮影した写真ではないかと思われる。画像が一部剥離し、また露光の長い当時のカメラでは人々の輪郭を捉えきれないが、尾張徳川家重臣の宿所前に武士たちが参集している様子がうかがえる。この間、慶勝は長州藩三家老の斬首を総督代理の尾張徳川家付家老成瀬正肥《まさみつ》に検分させた後、使者を派遣し、山口城破却の状況や長州藩主父子の恭順の様子を監察している。その後、京都へ凱旋した慶勝は、征討に参加した諸侯の衆議をもって朝廷に働きかけ、長州征討を寛大な処置で収束させようと試みた。しかし、実弟の松平容保《かたもり》ら幕府の反対にあい、この和平計画は頓挫した。慶勝と容保は戊辰戦争時に敵味方にわかれ、維新を迎えることになる。

〈会津若松城落城—慶勝の苦悩〉

38　会津若松城天守

戊辰戦争で崩壊寸前となった会津若松城天守の写真を複写したガラス原板。数多くの砲弾を浴びて天守の白壁が崩落しているのが確認できる。この原板から写真の枠が確認でき、印画紙に焼き付けられた写真をあらためて原板に撮影したことがわかる。写真の下部には「東京浅草御厩川岸　金丸原《(ママ)》三」と記されている。金丸源三は明治元年（1868）に浅草厩橋で写真館を開業し、勝海舟、山内容堂、歌舞伎役者の澤村田之助を撮影するなど、当時第一線で活躍していた写真師である。会津戦争は、慶応4年（1868）閏4月25日の白河城攻撃より開始され、9月22日の会津藩降伏まで5か月近くにわたって行われた。会津藩降伏後、図らずも敵味方に分かれた弟容保への想いからなのか、慶勝は明治7年（1874）に取り壊される前に写された天守の写真を入手し、それをあえて複写したのである。

〈天守部分の拡大〉

39　松平容保

慶応４年（1868）１月の鳥羽・伏見の戦いに敗れると、徳川慶喜とともに大坂を脱出して江戸に逃れた。会津戦争に降伏後、東京で蟄居した。このガラス原板は、文久２年（1862）冬に撮影された湿板写真（プロローグ・写真３）を、明治中期に主流となった乾板で複写したものと思われる。湿板写真の画像が劣化するのを防止するために複写したと考えられる。

40　松平定敬

鳥羽・伏見の戦いに敗れると江戸に逃れ、兄容保のいる会津に入った後、米沢・箱館などを転戦した。五稜郭が陥落する前に箱館を脱出して横浜に上陸すると、尾張徳川家の市谷上屋敷に護送され、謹慎した。この写真は文久２年（1862）頃に撮影された湿板写真（プロローグ・写真４）を乾板で複写し、それを紙焼きしたものである。

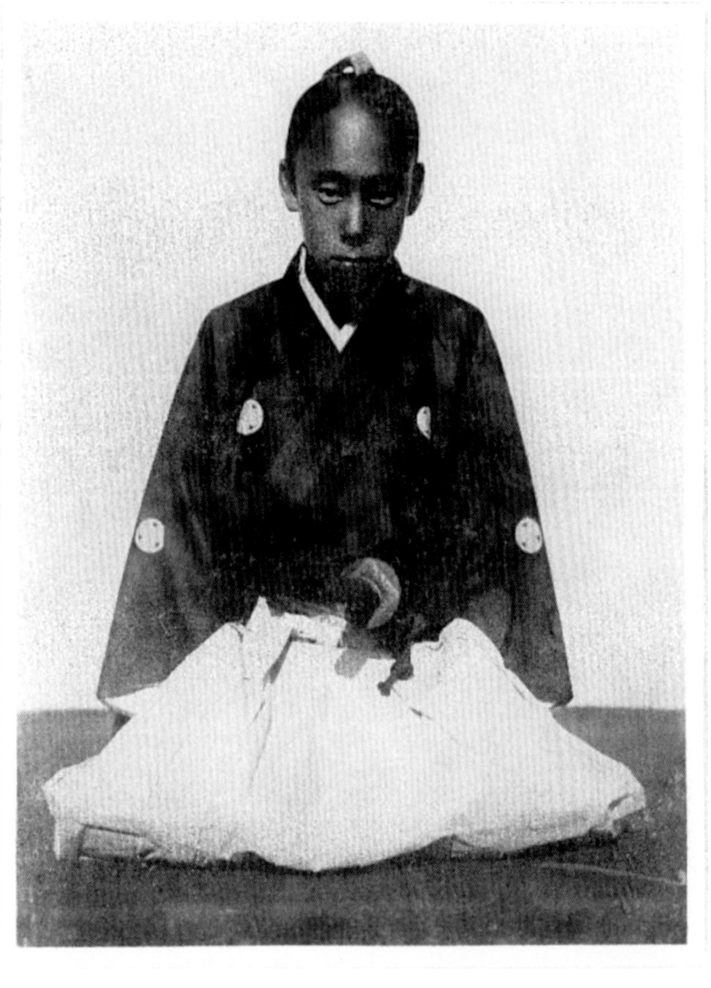

41　徳川慶勝

慶応２年（1866）撮影の写真を乾板で複写し、それを紙焼きしたもの。慶応３年の王政復古で議定《ぎじょう》に就任したが、翌年１月の鳥羽・伏見の戦いの敗北により徳川慶喜が江戸に逃れたため、慶勝は徳川一門の筆頭として決断を迫られた。そこで新政府側に味方することに決した慶勝は佐幕派の重臣を粛正し（青松葉事件）、東海道・中山道の諸大名や旗本、寺社が新政府側に味方するようにと「勤王誘引《きんのうゆういん》」活動を展開した。この決断により、新政府軍は円滑に進撃し、速やかな江戸開城が成し遂げられた。内戦の長期化は回避されたが、弟の容保・定敬《さだあき》とは袂を分かつことになる苦渋の決断であった。

42　徳川茂徳

文久３年頃に撮影された写真（プロローグ・写真２）を乾板で複写し、それを紙焼きしたもの。茂徳《もちなが》（茂栄《もちはる》）は徳川慶喜が十五代将軍に就任した際、一橋家を相続した。新政府側に与して表立って行動できない兄慶勝に代わって、弟容保・定敬の助命嘆願に奔走した。

激動の時代と慶勝をめぐる人々

43　成瀬正肥

天保6年（1853）12月、丹波国篠山藩主青山忠良の三男として誕生。安政2年（1855）7月に成瀬正住の養子となり、同4年11月に家督を相続して尾張国犬山城主となった。正肥《まさみつ》は付家老として、慶勝の公武一和を目指した周旋活動を補佐した。第一次長州征討における三家老の斬首の際には総督代理として広島の国泰《こくたい》寺《じ》に赴き、首級を検分した。戊辰戦争にも従軍。慶応4年（1868）1月、犬山は藩屏に列せられ、明治2年（1869）6月には犬山藩知事に任ぜられた。名刺判写真が差し込めるウインドーズ・アルバムに納められていた1枚。

45　徳川家達(1)

44　徳川慶喜

慶応3年（1867）頃に撮影された最後の将軍徳川慶喜の洋装の肖像。同年10月に大政奉還を表明するが、同4年1月の鳥羽・伏見の戦いに敗れると江戸に逃れた。同年7月に謹慎のため、静岡に移住した。名刺判写真が差し込める形式のウインドーズ・アルバムに納められていた1枚。慶勝以降、尾張徳川家が所有していたアルバム（現在は徳川林政史研究所所蔵）で、天皇・皇族・宮家、徳川将軍家・御三家・家門や縁戚関係のある旧大名（華族）などの名刺判写真を収録している。なお、この写真は慶喜の歿後、近親の徳川各家に配布されたアルバムにも収録されている。

46　徳川家達(2)

文久３年（1863）に田安慶頼の三男として生まれる。幼名は亀之助。慶応４年（1868）閏４月、徳川宗家を相続し、十六代当主となり家達《いえさと》と改め、70万石を下賜される。明治２年（1869）に静岡藩知事となる。写真45は明治５年頃の家達で、浅草の写真師内田九一《くいち》が撮影した同様の写真が現存している。写真46の成人した家達の姿は、東京・神田淡路町の写真師江木松四郎が撮影したもの。

47　毛利元徳

前述のウィンドーズ・アルバムに納められている１枚。裏面から大蔵省東京印刷局が撮影した名刺判写真を明治21年（1888）に尾張徳川家が受け取ったことがわかる。元徳《もとのり》は嘉永４年（1851）11月、毛利敬親《たかちか》（当時は慶親）の養子となり、同７年２月に世子となった。攘夷実行の勅命を受けて、文久３年（1863）５月に下関で外国船を砲撃した。しかし、同年の八月十八日の政変で入京を禁じられ、翌年の第一次長州征討の際、父敬親とともに官位を剥奪された。慶応３年（1867）の王政復古により、官位復旧のうえ入京した。その後、山口藩知事を経て、麝香間祗候《じやこうのましこう》に列せられた。明治10年に第十五国立銀行頭取、翌年取締役になった。同23年に貴族院議員となる。長男元昭の夫人は慶勝の八女富子である。

48　稲葉正邦

写真裏面に明治21年（1888）の紀元節に撮影し、同年３月13日に尾張徳川家が拝受したと記されている。正邦は慶勝の夫人矩子の弟で、淀藩主稲葉正誼《まさよし》の養子となった。文久３年（1863）６月、京都所司代となり、京都守護職松平容保とともに尊攘過激派の動きを抑えた。元治元年（1864）４月より老中に転じた。慶応元年（1865）に辞するものの、同２年４月に老中再任となり、最後の将軍徳川慶喜を補佐するなど困難な政局を乗り越えるべく責務を果たした。

49　岩倉具視

前述のウィンドーズ・アルバムに納められている１枚。公武合体派の公家であったが、尊王攘夷派に糾弾され、文久２年（1862）９月に蟄居した。その後薩摩藩の大久保利通らと討幕、王政復古を図り、新政府の中心的存在として活躍した。徳川慶喜追討の勅令が発せられた際には慶勝に、新政府側につくか、旧幕府側につくか、決断を迫った。明治４年（1871）から同６年にかけて使節団を率いて欧米を視察した。

50　三条実美

前述のウィンドーズ・アルバムに納められている写真。文久２年（1862）10月、幕府に攘夷決行を迫る勅命を伝達するため江戸に下向して以来、尊王攘夷派公家の中心的存在となった。翌年の八月十八日の政変で失脚し長州に逃れたが、慶応３年（1867）12月の王政復古により復帰した。明治新政府においては太政大臣・内大臣などの重責を担った。

51　松平春嶽

洋装の上半身を撮影したガラス原板の肖像写真。尾張徳川家十九代当主徳川義親《よしちか》に関する写真群のなかに保管されていた１枚。義親は春嶽の五男であるため、この肖像の他に春嶽の詠草や掛け軸、書画などを撮影した越前松平家にかかわる写真が現存している。また、春嶽は田安斉匡の八男であることから、田安宗武の詠草の写真など田安家ゆかりのものも含まれている。春嶽（慶永）は福井藩主として藩政改革を断行したが、慶勝とともに条約調印をめぐる対立で大老井伊直弼によって蟄居させられた。桜田門外の変後、復帰して文久２年（1862）７月に政事総裁職となり、当時将軍後見職であった一橋慶喜や将軍補翼の慶勝とともに朝幕間の調整に奔走した。王政復古により議定に任命され、のちに華族として麝香間祗候に列せられた。

52　池田茂政

尾張徳川家十九代当主徳川義親に関する写真群のなかに保管されていたガラス原板。実父は水戸徳川家九代当主斉昭。文久３年（1863）２月、池田慶政の養嗣子として岡山藩主となった。第一次長州征討に反対の立場をとり、慶勝による長州藩への寛大な処置の事態収拾に協力的であった。兄徳川慶喜の立場との間で苦悩するなか、慶応４年（1868）に勅命で新政府軍に加わるにあたり、病気を理由に隠居した。維新後は華族として麝香間祗候に列し、明治新政府の弾正大弼に任じられた。

53　伊達宗城

徳川義親に関する写真群のなかに保管されていたガラス原板。実父は幕臣山口直勝で、その従弟にあたる宇和島藩主伊達宗紀の養子となる。弘化元年（1844）に藩主となり、富国強兵策、殖産興業策を推進した。徳川斉昭や松平春嶽らと親しく一橋慶喜の将軍擁立にも尽力した。公武合体を推進し、王政復古後は議定となった。華族として麝香間祗候に列し、明治政府では民部卿兼大蔵卿、日清修好条規の際の全権大使などを歴任した。

第2章

幕末・明治の名古屋

徳川慶勝《よしかつ》は名古屋城内を数多く撮影しており、場所が確定できる写真だけでも200枚近く現存している。名古屋城は慶長15年（1610）閏２月に徳川家康の命による天下普請《てんかぶしん》で築城が開始され、同19年末頃に完成した。大小の天守を連結し、本丸・二之丸などの主要部を総石垣造りとし、出入口である虎口《こぐち》を全て桝形《ますがた》として二重に防御するなど、鉄壁の防御を施した天下の名城であった。本丸を取り囲むように二之丸・西之丸・御深井丸《おふけまる》などの郭《くるわ》を配置し、東から南にかけては広大な三之丸を築く総面積約35万坪の巨大な城郭であった。

慶勝が撮影した写真は、金鯱をいただく天守や本丸、居館だった二之丸御殿、別邸の新御殿を撮影したものが中心である。二之丸櫓内から三之丸や御屋形といった外郭部を撮影した写真も現存している。とくに注目されるのは、二之丸御殿内部の写真である。二之丸御殿は元和《げんな》６年（1620）に初代当主徳川義直《よしなお》（家康の九男）が本丸御殿から移って以来、歴代当主の居館となった。これにより二之丸は「御城《おしろ》」と称され、政務もここで執ることになった。江戸時代を通じて増改築が繰り返し行われ、幕末には約１万4000坪の敷地に表と奥の空間を備えた巨大な御殿になった。当主の居館であるため、通常撮影行為は許されなかったが、御殿が機能していた時期の写真が存在していることは大変珍しい。尾張徳川家当主である慶勝自身が撮影したからこそ存在する写真であり、城郭研究の上でも貴重な史料といえる。

二之丸御殿の奥は私的な居住空間で、その北側には十代当主斉朝《なりとも》によって改修された緑豊かな和風の庭園が広がっていた。ここも普段立ち入ることができない殿様のプライベート空間であるが、慶勝はこの庭園の撮影も試みている。また、二之丸の北側には約13万坪にもおよぶ下御深井御庭《したおふけおにわ》（御深井御庭）があった。当主とその家族にとっては憩いの庭園で、しばしば二之丸西側に設けられた埋門《うずみもん》から階段で石垣の下に降りて出かけていた。この場所は当時有事の際の脱出口でもあった。慶勝は軍事機密にかかわるこの秘密のルートを惜しげもなく撮影している。下御深井御庭の写真の多くは二之丸から撮影されたものである。二之丸からの眺望は風光明媚だったことや、自然の景観を生かして森林に覆われていたことがわかる。

慶勝の撮影方法は近景と遠景とのバランスを常に意識したもので、西洋的構図法に基づいて行われていた。慶勝が撮影した名古屋城の写真のなかには、画像が立体的に見えるステレオアンブロタイプというものも含まれている。また、同一地点からのパノラマ写真の撮影も所々で試みており、連続した空間による当時の風景が今でも堪能できる。慶勝の撮影技術は、当時としては高水準にあったと位置づけられる。

殿様としての慶勝は、行動の自由が制限されていたため、名古屋城下での撮影はほとんど行われなかったが、数点の写真が存在する。なかでも本町《ほんまち》通りと伝馬町筋《てんまちようすじ》が交差する付近にあった商家の菱屋《ひしや》の二階から撮影された写真は、江戸時代の城下町を撮影した貴重な写真である。尾張徳川家の別邸である熱田《あつた》の西浜御殿・東浜御殿付近の写真を収録したアルバムもある。船上から撮影したと思われる、熱田宿から海辺付近までの連続写真は、東海道の海上交通路である七里の渡しの景観が偲ばれる。また、慶勝は二之丸の隅櫓の中から、毎年６月に行われた若宮《わかみや》祭礼の山車行列を撮影しており、江戸時代の祭礼の様子が写された唯一の写真として、民俗学的にも貴重である。

名古屋城は、維新後の明治５年（1872）５月に明治政府に明け渡され、本丸には東京鎮台第三分営（名古屋鎮台。後の第三師団）が置かれた。同６年以降には二之丸・三之丸の諸建築も順次撤去され、天下の名城としての姿を消すことになった。本丸は同22年に宮内省管轄の名古屋離宮となり、昭和５年（1930）に名古屋市へ下賜された。昭和20年の空襲によって天守・本丸御殿などが焼失したが、同34年に天守の外観が復元され、平成21年（2009）より本丸御殿の再建が進行中である。慶勝が遺した写真は、江戸時代の名古屋城とその城下の様子を今に伝える貴重な歴史的財産といえよう。

名古屋城天守と金鯱

1　名古屋城本丸東南隅櫓・天守

尾張徳川家歴代当主の居館であった名古屋城二之丸御殿より本丸東南隅櫓（辰巳櫓）方向を撮影した湿板写真（アンブロタイプ）。写真手前（左）が東南隅櫓、奥に写っているのが天守。東南隅櫓は現存し、高さは13メートルにおよぶ巨大な櫓である。写真は桐箱に納められており、慶勝の自筆によって「天守」と記されている。

〈桐箱の蓋表〉

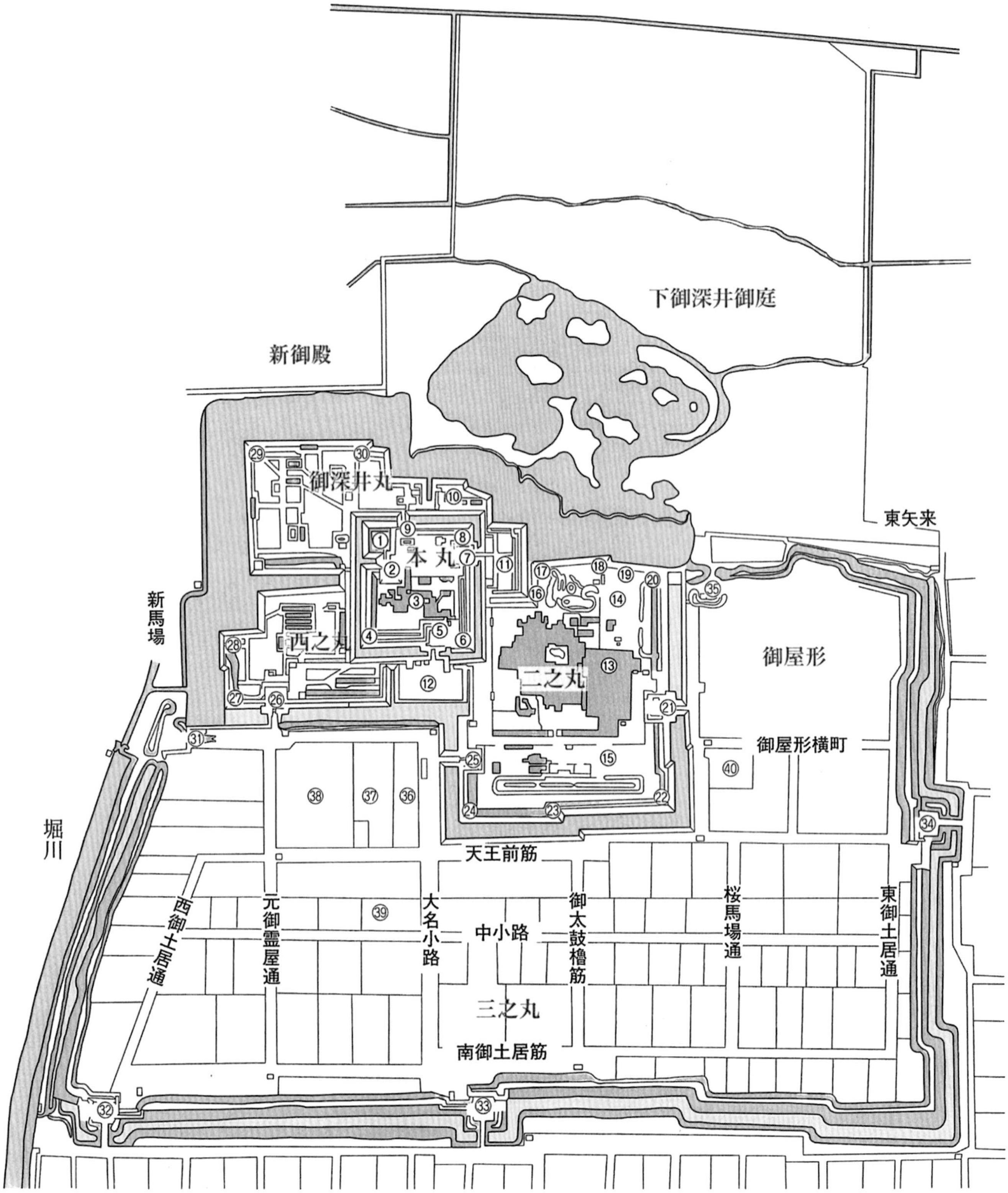

参考①　名古屋城図

①大天守　②小天守　③本丸御殿　④本丸西南隅櫓（未申櫓）　⑤本丸表門　⑥本丸東南隅櫓（辰巳櫓）　⑦本丸東門　⑧本丸東北隅櫓（丑寅櫓）　⑨本丸不明門　⑩塩蔵構　⑪本丸搦手馬出　⑫本丸大手馬出　⑬二之丸御殿　⑭二之丸庭園　⑮向屋敷　⑯埋門　⑰迎涼閣・御文庫　⑱逐涼閣　⑲不火入御土蔵　⑳二之丸東北隅櫓（丑寅櫓）　㉑二之丸東鉄門　㉒二之丸東南隅櫓（辰巳櫓）　㉓二之丸太鼓櫓　㉔二之丸西南隅櫓（未申櫓）　㉕二之丸西鉄門　㉖榎多門　㉗西之丸西南隅櫓　㉘西之丸月見櫓　㉙御深井丸西北隅櫓（清須櫓）　㉚御深井丸東北隅櫓　㉛巾下門　㉜御園門　㉝本町門　㉞東門　㉟清水門　㊱天王坊　㊲東照宮　㊳公儀御霊屋　㊴御厩　㊵御春屋

徳川美術館・蓬左文庫開館75周年記念 特別展『大名古屋城展』（徳川美術館、2010年）掲載の図を転載

2　名古屋城天守・本丸馬出多聞櫓

二之丸西鉄門《にしくろがねもん》の南より北側の天守を撮影した写真のガラス原板である。手前の堀は、大手馬出の西側の堀で現在は埋められている。天守の前に小天守の屋根が見える。その手前に写る多聞櫓は本丸南側の石垣上にあった武器を収納する具足多聞櫓で、のち明治24年（1891）の濃尾大震災で被害を受けて撤去された。多聞櫓の白壁の漆喰が剥がれ落ちているため、城の管理が行き届かなくなった明治維新後の撮影と思われ、時代の変化がうかがえる。

3　名古屋城天守遠望

名古屋城北側に位置する下御深井御庭《したおふけおにわ》（単に御深井御庭ともいう。現在は名城公園）の南東部より撮影した天守北側の景観。手前右手は御深井丸《おふけまる》東北隅櫓（弓矢櫓）である。湿板写真（アンブロタイプ）のステレオ写真で、専用の器材で２枚の写真を同時に見ると立体的な映像となる。

4　本丸西南隅櫓遠望

二之丸御殿の西側より塀越しに見た本丸南馬出《みなみうまだし》方面の写真である。中央奥の櫓は、本丸西南隅櫓（未申櫓）で、屋根二層・内部三階の構造であった。右側には東南隅櫓（辰巳櫓）の一部が写し出されている。アングルが異なる撮影が試みられた、アンブロタイプのステレオ写真である。

5　本丸東南隅櫓

二之丸御殿の西側より塀越しに撮影したもので、本丸東南隅櫓（辰巳櫓）の姿が写し出されている。撮影の視点が塀の屋根と同じ高さであるため、足場を組んで御殿の上から撮影したと思われる。写真は桐箱に納められており、「尾張城」と記されている。

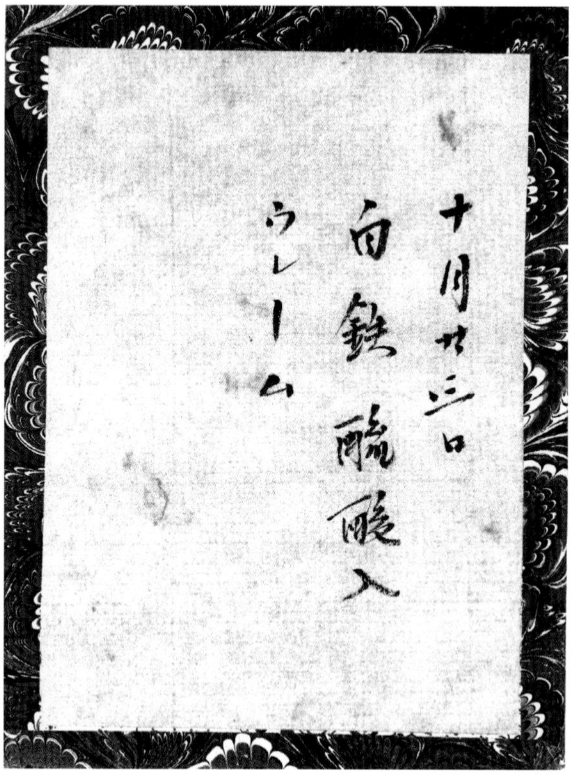

〈写真裏面〉

6　西之丸月見櫓(1)

西之丸の西側にあった月見櫓を北の方向から撮影した写真。二階櫓であった。櫓の名は、かつて尾張徳川家初代当主義直（徳川家康の九男）が本丸に居住していた時に、月見を行ったという伝承によるものである。写真の裏側には慶勝自筆で「十月廿三日　白鉄硫酸入ウレーム」と記されており、薬品調合の成果を試していたことがわかる。

7　西之丸月見櫓(2)

月見櫓を北側から撮影したステレオ写真。右方の奥は三之丸の家老志水甲斐守の屋敷で、さらに右側の手前には巾下門の番所が見える。月見櫓は明治24年（1891）の濃尾大震災後に取り壊された。

8　御深井丸西北隅櫓(1)

名古屋城の北西部の堀外から、御深井丸西北隅櫓を撮影したステレオ写真。御深井丸西北隅櫓が正式な名称であるが、清須城から移築したとの伝承があることから、「清須櫓」と呼ばれた。古材を転用した痕跡が見られるため、古建築を移築したことが確実な櫓である。清須城小天守の部材を転用した可能性が高いと思われる。

9　御深井丸西北隅櫓(2)

御深井丸西北隅櫓（清須櫓）を撮影した写真のガラス原板。名古屋城に4基ある三階櫓のなかで、唯一屋根が三重となっている。重要文化財として、今でもその姿を確認することができる。

〈1〉

〈2〉

10　名古屋城御深井丸（パノラマ写真）

名古屋城北西部の堀外から御深井丸の全貌を撮影した4枚のパノラマ写真。右側から二階建ての西之丸月《つき》見《み》櫓《やぐら》（〈4〉）・鋳《い》多《た》聞《もん》櫓《やぐら》・三階建ての西北隅櫓（清須櫓）（〈2〉〈3〉）・西《にし》弓《ゆみ》矢《や》多《た》聞《もん》櫓《やぐら》・二階建ての御深井丸東北隅櫓（弓《ゆみ》矢《や》櫓《やぐら》）（〈1〉）と、各櫓を繋《つな》ぐ塀が写されている。現在も同じ景観を望むことができるが、清須櫓以外は現存していない。

〈10—1〉

〈10—3〉

〈3〉

〈4〉

〈10—2〉

〈10—4〉

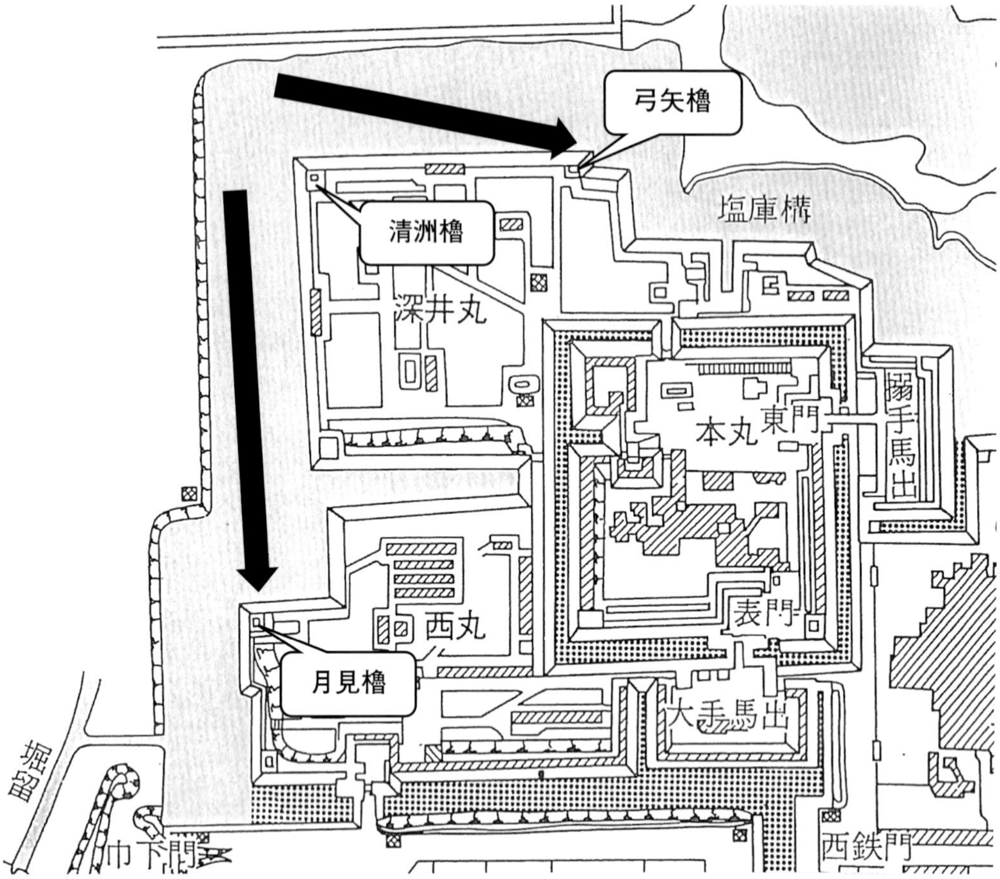

参考② 写真10の撮影範囲

11 大砲の脇に立つ武士

慶勝は精力的に軍制改革を実施し、名古屋城および江戸の戸山下屋敷で軍事調練をさかんに行った。その際、藩士の参加状況を帳簿に記録するほどの熱心さであった。とくに西洋砲術の調練に力を入れていた。写真は名古屋城内での撮影と思われる。

12　名古屋城金鯱写真(1)

明治4年（1871）に新政府に献上するため、天守から下ろされた金鯱を撮影した写真のガラス原板。金鯱の下に立てられた札には「貢納　名古屋藩」と記されている。尾張徳川家から献上された金鯱は、明治5年3月10日から4月30日まで東京の湯島聖堂で開催された日本初の博覧会に出品され、大成殿前中央に屋外展示されて人気を博した。雌の金鯱は翌明治6年にオーストリアの首都ウィーンで開催された万国博覧会へ出品された。金鯱は日本文化を代表する展示物として、日本会場入口に飾られ、来場者の注目を集めた。雄の金鯱は日本各地で展覧に供され、かつて徳川の世の象徴であった金鯱を見せ物にすることで、政権交代を印象づける役割を担わされた。その後、金鯱を取り戻そうと、明治11年に名古屋の財界有志が、愛知県令を通じて返還の嘆願書を宮内省・陸軍へ提出した。返還と取り付け費用を全額負担する内容であったことから、わずか2ヵ月で決済がなされ、明治12年2月に再び金鯱は天守に戻された。

13　名古屋城金鯱写真(2)

天守から下ろされ、台車に載っている金鯱を撮影したガラス原板。「金城温古録」によると、築城当初、北側（雄）の鯱は高さ2.34メートル、南側（雌）は2.47メートルで、慶長大判で1940枚、小判ならば17,975両に値する、純度80パーセントの金が使用されていた。

14　名古屋城天守·本丸馬出多聞櫓

二之丸西鉄門の南より北側の天守を撮影した写真である。写真３とほぼ同じアングルで撮影され、天守手前に写る具足多聞櫓の白壁の漆喰が剥がれ落ちているのが確認できる。大手馬出の西側の堀近くに人々が参集している様子がうかがえる。

15　名古屋城天守・二之丸御殿

二之丸東《ひがし》鉄《くろがね》門《もん》北側の多聞櫓の屋根に足場を組んで西側から撮影した写真のガラス原板である。手前の二之丸御殿の屋根越しに天守が写されている。左側の大屋根が奥の対面所である御広間、右側に当主の私的空間である桜之間・梅之間の屋根が見える。天守と二之丸御殿が同時に写された唯一の貴重な写真である。

二之丸御殿

16　名古屋城二之丸御殿黒門

二之丸の東側から二之丸御殿南方を撮影した写真のガラス原板である。右側の長大な御長屋の中央に写る黒門は、二之丸御殿の南側に設けられた御殿の正門で、間口は五間五尺五寸（約11メートル）であった。御長屋の内側が尾張徳川家当主の居館で、藩の政庁でもあった二之丸御殿である、奥には二之丸西鉄門北側の多聞櫓が見える。多聞櫓下の建物は西鉄門の門番所である。

〈右側写真の拡大〉

17　二之丸御殿黒門

二之丸御殿の南側を撮影したアンブロタイプのステレオ写真。御長屋や黒門前の通りを往来する人々の様子がわかるが、露光の長い当時のカメラでは人の輪郭を捉えきれないところもある。写ってはいないが、この写真の左側には巨大な馬場を設けた向《むこう》屋《や》敷《しき》（写真33）があった。

18　二之丸御殿西鉄門前

二之丸へ通じる西鉄門の番所を、西鉄門の多聞櫓から撮影した写真と思われる。奥に写る多聞櫓は、右側が本丸大手馬出上の御畳多聞櫓、左側は西之丸南石垣上の古木多聞櫓で、現在、両多聞櫓を隔てる本丸大手馬出西側の堀は埋め立てられて現存しない。

19　二之丸東鉄門付近

二之丸御殿南東部を北側から撮影した写真である。「東鉄」と記された桐箱に納められている。右手前の長屋は、二之丸御殿の正門である黒門から続く長屋の東端部、奥は二之丸御殿の南側にあった向屋敷の塀である。写真は、尾張藩士が登城する東《ひがし》鉄門《くろがねもん》内側の空間で、奥の塀付近に現在は愛知県体育館（現・名古屋市中区）が建てられている。

20　二之丸東鉄門下馬

尾張藩士が登城する東鉄門の下馬の様子を撮影したもの。番所に藩士たちが参集している様子がうかがえる。奥には御殿の建物が広がっている。

21　二之丸太鼓櫓･東南隅櫓

二之丸南西部外より、二之丸の南側を撮影した写真のガラス原板である。二之丸南側の中央にあった太鼓櫓は、城門開閉の合図を打つ太鼓が備えられていた。奥は二之丸南東部の東南隅櫓で、ともに二階建て、鉤形《かぎがた》に屈曲した形態であった。慶勝は、太鼓櫓や東南隅櫓から三之丸の武家屋敷の景観や若宮祭礼行列の様子を撮影している。両櫓とも明治6年（1873）頃に取り壊された。

22　二之丸東北隅櫓・逐涼閣

名古屋城北側にあった下御深井御庭《したおふけおにわ》（御深井御庭。現在は名城公園）より撮影した二之丸北側の写真である。写真左側は二之丸東北隅櫓、中央に見える高欄《こうらん》付の数寄屋風建築は逐涼閣《ちくろうかく》である。逐涼閣は二之丸北側中央部の隅櫓であるが、堀に面した部分に高欄を設けるなど、当初より二之丸御庭に附属する数寄屋として造られた。竹楼とも称され、内部に長囲炉裏が設けられた畳敷きの部屋があり、当主と家臣たちの内々の饗応などに使用された。

23　二之丸東北隅櫓より逐涼閣を望む

二之丸東北隅櫓より西側を撮影した写真のガラス原板である。左側手前に見える高欄付の数寄屋風建築が逐涼閣である。二之丸の北部には広大な下御深井御庭が広がっており、逐涼閣や二之丸西北部にあった迎涼閣《げいろうかく》からは風光明媚な景観を楽しむことができた。

24　二之丸迎涼閣

二之丸の北部に広がる下御深井御庭から撮影した写真。二之丸北西部の数寄屋風の楼閣である迎涼閣の姿を写している。迎涼閣の右手奥には二之丸西側に設けられた埋門《うずみもん》より石垣の下へ降りる階段が見える。

25　二之丸迎涼閣・御文庫

二之丸御殿内の御庭から北西部に位置する迎涼閣を撮影した写真。手前の土蔵は徳川家康の遺品である「駿河《するが》御《お》譲本《ゆずりぼん》」や尾張徳川家初代当主義直（家康の九男）をはじめとする歴代当主の蔵書を納めた御側御文庫である。

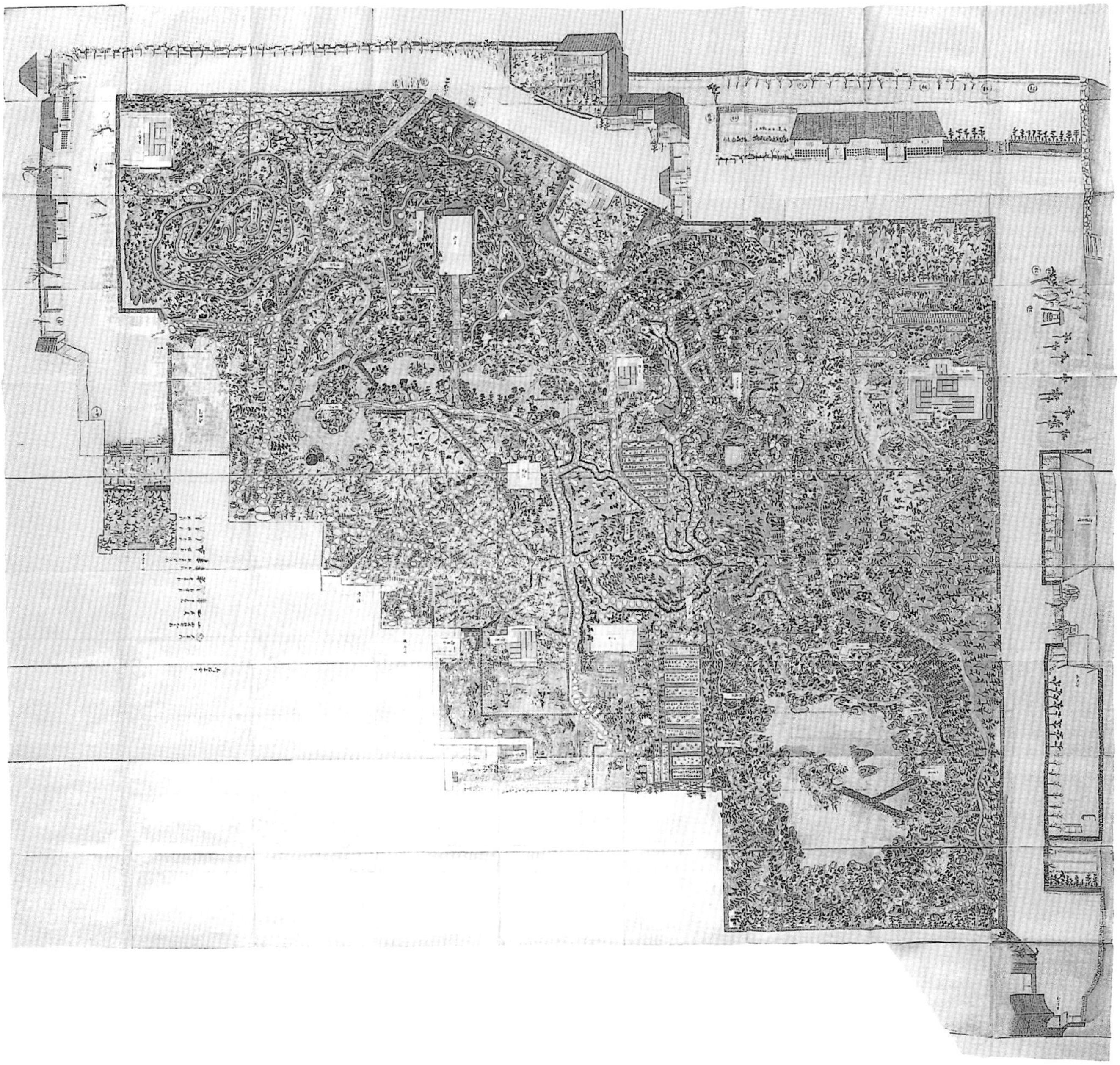

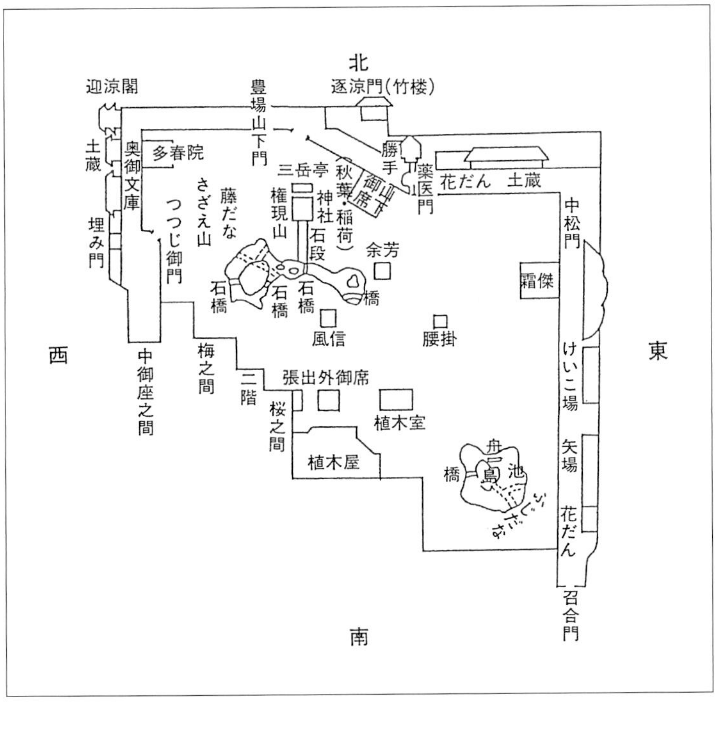

参考③　名古屋城二之丸庭園絵図
（尾二ノ丸御庭之図、徳川美術館蔵）

26　二之丸迎涼閣下

二之丸西側の石垣下より迎涼閣を撮影した写真。右下に木製の階段が写っているが、これは二之丸西側に設けられた埋門より石垣の下へ降りる階段である。歴代当主やその家族にとって憩いの空間であった自然豊かな下御深井御庭に行く近道として利用され、階段を下りて南波止場から舟に乗っていくこともあった。奥に舟が繋留されているのが確認できる。このルートは有事の際の脱出口として城の軍事機密に相当する空間であり、慶勝自身が関わったからこそ撮影することのできた貴重な写真である。

27　二之丸御庭・風信亭

二之丸御殿前に広がる御庭に設けられた御茶屋の一つである風信亭を撮影した写真と思われる。二之丸御庭は文政5年（1822）以降、十代当主徳川斉朝《なりとも》によって東南部に拡張され、遊覧のための優雅な和風回遊式庭園へと大きく変貌した。その際に、御庭の北東部に位置する霜傑《そうけつ》御茶屋、権現山北側の山下御席、北西部の栄螺《さざえ》山と称した築山のふもとに位置する二階建ての多春園、植木室に程近い張出御席といった御茶屋や四阿《あずまや》が多く造られた。写真の風信亭は御庭中央の池の東岸に向かい合う位置に設けられた。

28　二之丸御庭の御茶屋

二之丸御庭に設けられた御茶屋の一つを撮影した写真と思われる。三名席の一つに数えられた有名な猿面茶室との説もあったが、どの御茶屋か今のところ判然としない。

29　二之丸御庭物見台

二之丸御庭に設けられた物見台を撮影した写真と思われる。御庭の北西部に栄螺山と称する築山があったが、高所から御庭全体の景観を楽しむために物見台が設置された。慶勝はこの物見台から二之丸御殿と御庭の撮影を試みたと考えられる。

30　二之丸御殿桜之間

二之丸御殿の奥にあった部屋の一つである桜之間の二階を中心に御庭北西部の築山から撮影した写真。右側には梅之間の一部が写っている。通常、当主の居館であった奥の私的空間での撮影行為は控えられていた。当主である慶勝自身が関わったからこそ撮影が可能となった貴重な写真である。

31　二之丸御殿梅之間

二之丸御庭北西部の築山から梅之間を撮影した写真。梅之間は御殿北奥に位置し、慶勝の居室の一つであった。写真の画像解析を行った結果、壁面に油絵風の絵画が掛かる西洋的な部屋であることが判明した。開明的な慶勝の性格がうかがえる独特の空間といえよう。

〈1〉　〈2〉

32　二之丸御殿桜之間・梅之間（連続写真）

二之丸御庭北西部の築山から桜之間（左）と梅之間（右）を撮影した連続写真。二之丸御庭には桜・梅・松・躑躅・菊・牡丹など庭内を埋め尽くすほどの四季折々の多くの花木が植えられ、花壇には様々な色彩の花が並び、植木室には多数の鉢植えの花が置かれていた。写真から当時の緑豊かな御庭の一端がうかがえる。

33　二之丸向屋敷・馬場馬見所

二之丸御殿の南側にあった向屋敷の馬見所を撮影した写真。向屋敷は、寛文3年（1663）に尾張徳川家付家老の成瀬家・竹腰《たけのこし》家の屋敷を移転して造られた屋敷で、広大な馬場や矢場が設けられていた。

〈32—1〉

〈32—2〉

〈1〉 〈2〉

34　二之丸御殿北側の風景（パノラマ写真）

二之丸御庭内北西部にあった栄螺山と称する築山の上から撮影した二之丸御殿の写真で、立ち並ぶ御殿群の全貌をほぼ納めている。手前（〈2〉）に写る二階建ての数寄屋建築は、当主の奥の座敷の桜之間である。3枚続きで城郭の中心施設を撮影したパノラマ写真としては国内唯一のものといってよいだろう。

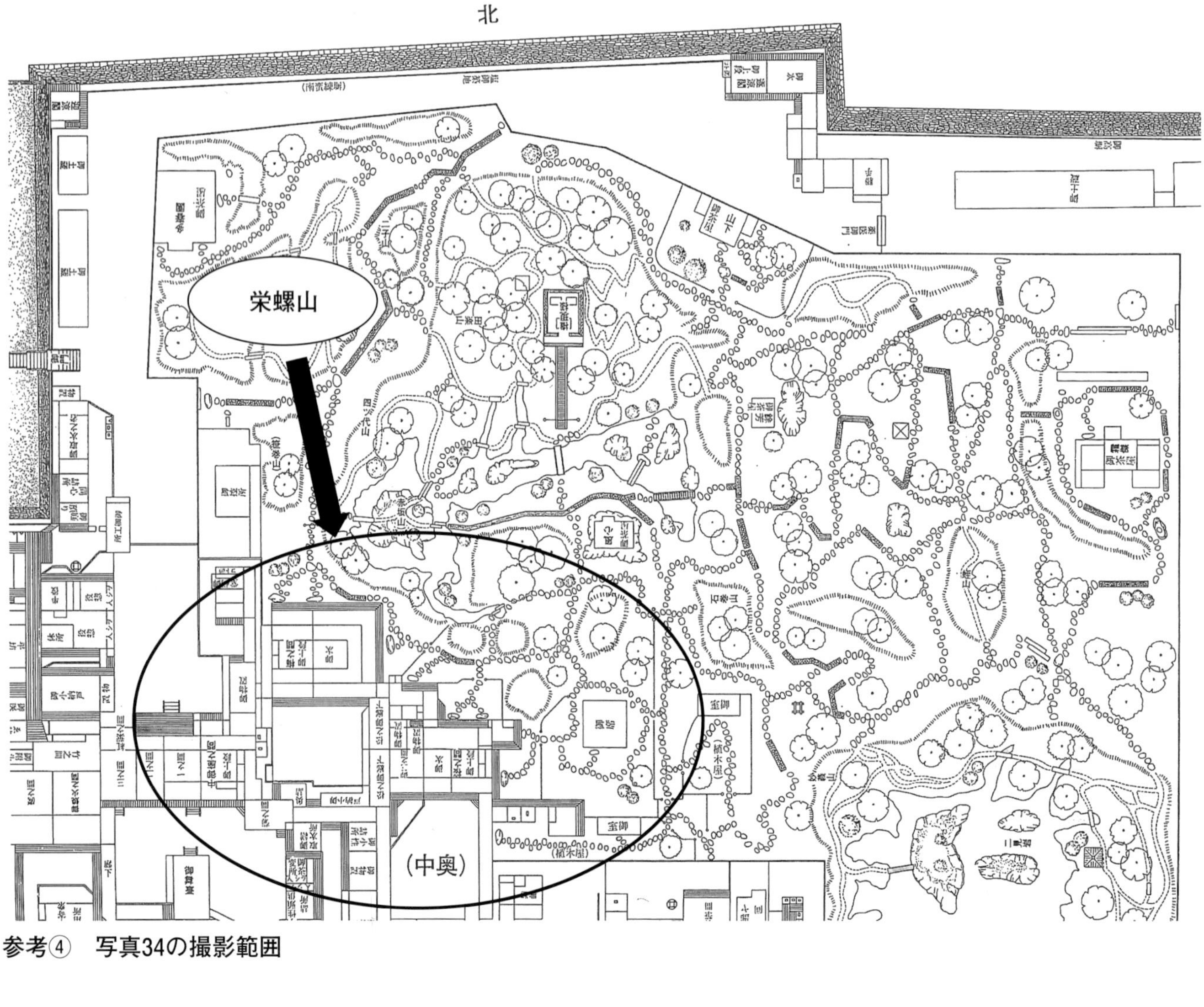

参考④　写真34の撮影範囲

〈3〉

〈34—1〉

〈34—2〉

〈34—3〉

下御深井御庭・新御殿

35　下御深井御庭から名古屋城天守を望む

名古屋城北側の下《した》御《お》深《ふ》井《け》御《お》庭《にわ》（御深井御庭。現在は名城公園）から撮影した天守のガラス原板。手前の櫓は御深井丸東北隅櫓に接続する多聞櫓である。明治24年（1891）の濃尾大震災後に撤去された。

36 下御深井御庭波止場

二之丸御庭から下御深井御庭の波止場を撮影した写真。尾張徳川家の歴代当主や家族は舟に乗って、しばしば下御深井御庭を訪れていた。名古屋城北側に位置する下御深井御庭は、三代将軍家光上洛時の寛永11年（1634）頃に完成した。当初は低湿地だったこの場所に、築城の残土を利用し、自然景観が残る庭園を造成した。南側を松林として、城への見通しを意図的に遮る設計がなされていた。その後十代当主斉朝《なりとも》による大改造で、松林は取り払われ広大な池泉が設けられた。この時の改造で、北部には田園風景を模した田畑を造り、池の周囲には茶屋を配し、自然の風光を楽しむ池泉回遊式の大庭園となった。その広さは約13万坪に及んだ。

37　二之丸塀越しにみる下御深井御庭船倉(1)

二之丸御庭の築山から塀越しに下御深井御庭の北西方面を望んだ写真。堀縁に写る大型の建物は、二之丸から下御深井御庭への渡船や、御庭や堀での舟遊びに使用する舟を格納した船倉である。

38　二之丸塀越しにみる下御深井御庭船倉(2)

二之丸御庭の築山から塀越しに下御深井御庭の北西方面を望んだ写真で、写真37より船倉が鮮明に写っている。

〈1〉　〈2〉

39　二之丸塀越しにみる下御深井御庭（連続写真）

二之丸御庭の築山から北側の南蛮練塀越しに下御深井御庭を望んだ連続写真。池縁のように見えるが、下御深井御庭南側は、堀も庭園の一部とみなして自然地形のように造成されており、城郭の堀としては特異な形態であった。

40　新御殿御二階

名古屋城御深井丸の北側に位置する新御殿を撮影した写真。名古屋城内の御殿を撮影した写真帳に納められている１枚である。写真帳に貼り付ける際、写真を縁取りし、「新御殿御二階之図」と記している。新御殿（現・名古屋市西区堀端町）は十代当主斉朝の隠居所として文政10年（1827）に下御深井御庭の西側に建てられた御殿で、斉朝歿後の嘉永５年（1852）に撤去されたが、文久３年（1863）に慶勝の隠居所として再建された。明治４年（1871）の廃藩置県後は陸軍練兵場となった。

41　新御殿御庭

慶勝の隠居所である新御殿を撮影した写真。御庭にあった広大な泉水が写されている。新御殿の御庭には近くを流れる大幸川から用水を引き入れた池もあった。

〈1〉

〈2〉

42　新御殿（パノラマ写真）

慶勝の隠居所である新御殿を撮影した3枚で構成されたパノラマ写真である。御殿の東端に位置する慶勝の御座所である御《お》二《に》階《かい》（〈2〉）から西側の御殿群を確認することができる。

〈42—1〉

〈3〉

〈42—2〉

〈42—3〉

43　新御殿の建物群

これまで場所が判然としなかったが、新御殿の東側にある土蔵などの建物群を高所から撮影した写真と思われる。

44　新御殿前御庭

新御殿とその前庭を撮影した写真。「名古屋城新御殿・名古屋城写真帳」に納められている１枚。新御殿の御庭には様々な樹木が植えられるとともに、鉢植えの草花も数多く栽培されていた。

45　新御殿御庭物見台

新御殿御庭内に設置された物見台を撮影した写真。新御殿御庭と下御深井御庭が接する茅庵門番所の付近には物見台があり、御庭全体が見渡せるようになっていた。

46　新御殿御馬場

新御殿の南側に設置された御馬場を撮影した写真。御覧所らしき建物も確認できる。この場所でしばしば乗馬の調練が行われていた。近くには奥向操練場（稽古場）もあった。

〈1〉

〈2〉

47　新御殿より下御深井御庭を望む（パノラマ写真）

新御殿の御二階から東側を撮影した３枚で構成されたパノラマ写真。塀越しに鬱蒼と樹木が茂る下御深井御庭が写されている。下御深井御庭の庭内では文政年間に十代当主斉朝による改造の際、門前町「達磨町」、宿場町「杉股町」といった架空の町並みが設けられるなど、世俗的な空間を楽しむ演出が随所にほどこされていた。

〈47—1〉

〈3〉

〈47—2〉

〈47―3〉

三之丸御屋形・武家屋敷

〈48—1〉

48　三之丸御屋形⑴（パノラマ写真）

三之丸東側（現・名古屋市中区三の丸。国立病院機構名古屋医療センター所在地）に設けられた御屋形を撮影した５枚によるパノラマ写真である。二之丸東鉄門《ひがしくろがねもん》北の多聞櫓《たもんやぐら》の上から撮影したと思われる。御屋形前の通りの写真右側奥に写っているのが、重臣遠山靫負《ゆきえ》の屋敷（〈５〉）である。御屋形は初代当主徳川義直の娘普《ふ》峯院《ほういん》（京姫）の御殿として建造され、以降、歴代当主の側室など親族が居住する御殿として改築を繰り返しながら維持された。明治維新後に慶勝も一時居住した。

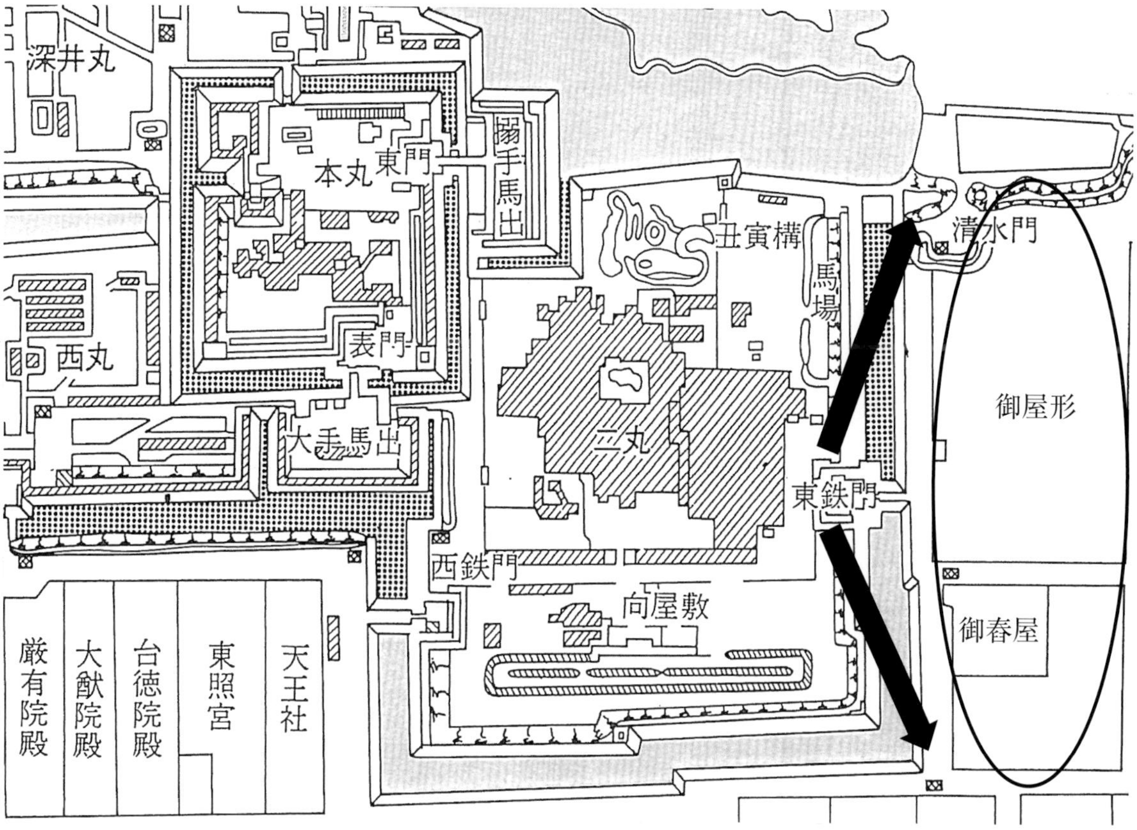

参考⑤　写真48の撮影範囲

〈1〉

〈2〉

〈3〉

〈48—2〉

〈48—4〉

〈4〉

〈5〉

〈48—3〉

〈48—5〉

〈1〉

49　三之丸御屋形(2)（連続写真）

御屋形を撮影した２枚の連続写真。写真48と同様に二之丸東鉄門北の多聞櫓の上から撮影したと思われるが、アングルを変えて御屋形に接近して撮影を試みている。

50　三之丸御屋形(3)

御屋形を撮影した写真。塀越しの建物群の様子がうかがえる。

〈2〉

51　御屋形御書斎

御屋形の敷地内にあった書斎を撮影した写真。尾張徳川家当主の親族の居住空間である御屋形内部の建物を撮影したものは少なく、貴重な写真といえる。

52　三之丸東大手門

三之丸の東側唯一の入口である東大手門を北側から撮影した写真。現在の名古屋地方検察庁東側の土塁から撮影したと思われる。現在でもこの付近の土塁や石垣などは良好に保存されているが、門外の枡形空間は、堀中を名鉄瀬戸線が敷設されていたため、建設時に削られた。写真左側の森は、付家老成瀬家の中屋敷である。

53　遠山靱負屋敷遠望

写真右側の奥に見えるのが御屋形の南にあった重臣遠山靱負の屋敷である。二之丸東鉄門北の多聞櫓の上から撮影した写真の１枚と思われる。

54　成瀬家中屋敷・石河家屋敷

三之丸東大手門より東側の長塀筋を撮影した写真。この写真が納められているアルバムには「成瀬氏中屋敷」と記載されている。写真左側が付家老成瀬正肥《まさみつ》の中屋敷で、現在は愛知県立明和高校の敷地となっている。付家老は尾張徳川家歴代当主を補佐する筆頭家老の地位にあり、成瀬家と竹腰《たけのこし》家による世襲の重職であった。正肥は安政4年（1857）に家督を相続して尾張国犬山城主となり、付家老として慶勝を補佐した。写真手前は家老石河《いしこ》家の屋敷である。

55　石河家屋敷

三之丸東大手門東側を撮影した写真で、長塀筋南側にある家老石河家の屋敷を写している。石河家は代々家老（年寄）を歴任した家柄で、この写真が撮影された頃の当主光晃は嘉永6年（1853）9月より家老（年寄）を務めていた。

56　御太鼓櫓筋

二之丸太鼓櫓（現・愛知県体育館南側）から南側を撮影した写真。現在、この道は整備されて存在せず、名城東小公園の敷地となっている。右側（西側）手前は付家老の竹腰家、右奥は石河家の屋敷、左側（東側）手前は鈴木家、奥は岩田家の屋敷と武家屋敷が建ち並んでいる。奥の林は三之丸南側の土塁である。

57　竹腰家屋敷

付家老竹腰家の屋敷（現・愛知県警察本部、名城病院付近）を撮影した写真。二之丸太鼓櫓から二之丸の堀を隔てて南西側を写している。手前の道は現在の外堀通。奥に付家老成瀬家屋敷の御長屋の一部が写っている。

58　鈴木嘉十郎屋敷

二之丸太鼓櫓から南東側を撮影した写真。現在の合同庁舎一号館北側付近にあった鈴木嘉十郎の屋敷を写している。鈴木嘉十郎は御用人や年寄列等を務めた重臣である。

59　津田太郎兵衛・渡辺半九郎屋敷

二之丸太鼓櫓から南東側を撮影した武家屋敷の写真。写真右側の手前に写っているのが、鈴木嘉十郎屋敷の東側から続く津田太郎兵衛の屋敷である。その隣の中央に写っているのが渡辺半九郎の屋敷で、それに続いて遠山家・阿部家の屋敷も見える。遠山家の屋敷前から写真左側に写っている通りの先に御屋形がある。津田家の屋敷は合同庁舎一号館と愛知県自治センター間の道路付近、渡辺家の屋敷は愛知県自治センター北側付近、遠山家の屋敷が名古屋市役所西庁舎北側付近で、道路奥に見える黒塀の阿部家の屋敷が現在の市役所西側にあたる。

60　渡辺半九郎屋敷

二之丸東南隅櫓から南側を撮影した写真。正面の屋敷は渡辺半九郎の屋敷。渡辺半九郎は中奥小性・御側御用人・年寄などを務めた。

61　若宮祭礼山車行列⑴

三之丸御屋形前を進む若宮祭礼行列を撮影した湿板写真。構図から見て二之丸東鉄門南側の多聞櫓の屋根から撮影したと思われる。写真を納めた桐箱には慶勝自筆で「祭禮」と記されている。若宮祭礼は若宮八幡宮の祭礼で、天王祭礼と同じ６月15日・16日の両日に行われた名古屋三大祭の一つである。16日には若宮の神輿が三之丸天王坊まで渡御し、それに伴って山車も城内へ入ったため、山車に供奉する人々で三之丸は大変賑わった。

〈桐箱の蓋表〉

62　若宮祭礼山車行列(2)

付家老竹腰家の屋敷前の若宮祭礼行列を撮影したガラス原板である。二之丸西南隅櫓からの撮影と思われる。写真左側は住吉町の河水《かすい》車、右側は門前町の陵王《りようおう》車である。

63　若宮祭礼山車行列(3)

若宮祭礼の山車上演を撮影した写真のガラス原板である。慶勝は二之丸東南隅櫓から撮影しており、山車は門前町の陵王車と確認できる。庶民も櫓の中に慶勝がいることを承知していたようで、からくりの上演は櫓に向けて行われている。尾張徳川家当主の祭礼上覧は、三之丸御屋形や御厩から行われる場合もあったが、慶勝は二之丸の櫓から上覧を行っている。山車の背後は重臣渡辺家の屋敷である。

〈山車部分の拡大〉

名古屋城下の風景

64　柳原の風景

三之丸の御屋形北側の土塁上より北部の区域を撮影した写真。正確な撮影地点は不明だが、正面に長栄寺らしき寺院が見えるので、その付近が現在の名古屋市北区柳原２丁目付近と思われる。写真手前は現在の柳原１丁目や名城３丁目一帯にあたり、当時一面の田園地帯であったことがわかる。

65　熱田東浜御殿表門

熱田《あつた》にあった御殿の東隅櫓から撮影した写真。橋から奥にかけて並んでいる片町の民家の様子や常夜燈が見える。東海道宮《みや》の渡しがある熱田には、寛永11年（1634）に三代将軍家光の上洛に際して造られた東浜御殿と、承応３年（1654）に設置された西浜御殿があった。とくに東浜御殿は、海上に造られて展望が優れており、尾張徳川家が街道を往来する諸大名や諸使節を応接するための迎賓館として利用された。

〈1〉

〈2〉

66　熱田神戸《ごうど》町・西浜御殿・浜鳥居・船手御用屋敷・船会所（パノラマ写真）

熱田東浜御殿西隅櫓下あたりの海面上より、北側から西側を４枚のパノラマ写真に納めている。画面左手の先が七里の渡しである。船の上からの撮影を試みたのか、写真の高さが不揃いとなっている。

〈66—1〉

〈66—3〉

〈3〉

〈4〉

〈66—2〉

〈66—4〉

67　伝馬町菱屋二階から望む福生院

本町筋・伝馬町筋角にあったと思われる商家の菱屋《ひしや》の二階より、南側の福生院（現・名古屋市中区）方面を撮影した写真。江戸時代の名古屋城下の様子がわかる写真として大変貴重である。

68　伝馬町菱屋二階から望む桜天神社時の鐘

本町筋・伝馬町筋角にあったと思われる菱屋という商家の二階より、北側の桜天神社（現・名古屋市中区）方面を撮影した写真。屋根越しに当時7.5メートルの高さを誇った鐘楼の上部が見える。江戸時代における名古屋城下の碁盤割区画内を撮影したものは写真67とこの写真の２枚だけである。

第3章

江戸から東京へ

明治新政府は旧大名家（華族）の当主に対して、東京への移住を命じた。名古屋藩知事であった徳川慶勝《よしかつ》もこれに従い、明治４年（1871）４月10日、政府から下賜された浅草瓦町邸（現・東京都台東区柳橋１～２丁目東部）に移住した。隅田川に面した風光明媚な邸宅であったが、手狭のため、同５年４月に本所相吉町《ほんじよあいよしちよう》（のち、長岡町《ながおかちよう》と改名。現・墨田区石原４丁目）に本邸を移し、浅草瓦町邸は別邸となった。同12年１月には本所横網町《よこあみちよう》（国技館・江戸東京博物館がある墨田区横網１丁目）を本邸とした。

慶勝は、明治期に入ってからも精力的に写真撮影を行っていた。本所の本邸、および浅草の別邸内の写真の他、浅草・両国、本所周辺の景観を撮影した写真が多数を占めている。とくに本所長岡町、本所横網町周辺においては、亀戸《かめいど》天神のような名所の他に、堀割が残る水上風景や町屋など庶民生活に関わる空間を撮影したものが多数写真帳に納められている。なかには町並みの看板が読める写真や、台風一過の風景など、文献記録ではわからない庶民の日常生活の様子が判明する貴重な写真が含まれている。

整理された写真帳のなかには、慶勝が使用したと思われる馬車や人力車の写真があることから、行動範囲を広げて撮影を試みていたことがうかがえ、不忍池のパノラマといった上野周辺の写真をはじめ、浅草北部・向島《むこうじま》・四谷方面など東京の様々な区域の風景写真も現存している。自身が撮影していなくても、舟や人力車で訪れた場所は、それに関する写真を購入し、コレクションとして写真帳に納めていた。また、兜町の第一国立銀行、および慶勝が発起人となって設立された第十五国立銀行の写真、新橋付近の銀座煉瓦街《れんががい》を撮影した写真、慶勝が幼少期を過ごした高須松平家上屋敷の跡地である四谷荒木町に移転した歌舞伎小屋・桐座《きりざ》の写真、さらには旧江戸城下の武家屋敷が解体される様子を記録した永田町から霞ヶ関方面を望んだ連続写真など、近代国家へと変貌する明治初期の貴重な東京の風景を知ることができる。

本所横網町邸に移住してからは、邸内に設けられた三階建ての望楼の屋上から、浅草・両国の町並みなど隅田川界隈の風景を数多く撮影した。なかでも望楼の屋上から撮影した９枚続きのパノラマ写真は、慶勝が唯一、360度撮影に成功した写真として貴重である。

慶勝の撮影技術は、当時浅草で開業していた写真師たちとの交流を通じて磨かれていった。なかでも最も大きな影響を及ぼしたのが、内田九一《くいち》（1844～75）である。九一は長崎で開業した著名な写真師である上野彦馬に師事し、明治２年、東京に進出して慶勝が住む浅草瓦町に「九一堂万寿」という写真館を開業した。明治天皇の肖像を撮影するなど「東都第一の写真師」と称された人物である。慶勝は邸内に写真場を設ける際に助言を受けたり、撮影用のレンズや現像に使用する薬剤を購入するなど、九一と頻繁に接触していたことがうかがえる。前述の開業間もない第一国立銀行を撮影した写真など、九一が直接助言したか、もしくは彼が撮影した写真を参考にしたと思われるものが現存している。

慶勝の高度な撮影技術は明治天皇にまで聞こえていた。天皇は、かつて将軍家の庭園であった旧江戸城の吹上《ふきあげ》御庭（吹上御苑《ぎよえん》）の景観を記録しておくことに高い関心を寄せていた。そこで、天皇の意向を受けた宮内省は、明治12年５月に皇居内の吹上御苑の撮影を慶勝に依頼している。慶勝は御苑内の瀧見御茶屋などを撮影し、その写真を献上した。

明治以降に撮影された慶勝の写真のなかには、撮影箇所が記されていないため、撮影地を特定できないものも含まれているが、町並みを中心とした当時の庶民の日常生活空間に関心を寄せて撮影していることから、失われた江戸・東京の原風景を偲ぶことができる。また、連続写真を多用して広がりのある景観を演出している。

江戸の名残と東京の近代化が混在する時代の移り変わりを表現していて、その興味は尽きない。

浅草・両国の風景

1　隅田川から浅草瓦町邸を望む

「明治」という新しい時代を迎えると、かつての大名家の江戸屋敷は順次新政府に接収された。徳川慶勝は明治３年（1870）に尾張徳川家の東京本邸として浅草瓦町邸（現・東京都台東区柳橋１丁目から同２丁目東部）を拝領した。慶勝とその子義宣《よしのり》（十六代当主）は翌明治４年から居住した。かつては信濃国上田松平家の江戸上屋敷があった場所である。写真は隅田川より望んだ浅草瓦町邸を撮影したもので、左側の高欄《こうらん》付建物の二階部分は、明治８年４月４日に明治天皇が行幸《ぎょうこう》した際の御座所となった本間である。右側の高欄付建物の二階部分は、随行した太政大臣三条実美《さねとみ》、侍従長東《ひがし》久《く》世《ぜ》通禧《みちとみ》等の控室となった「穆如閣《ぼくじょかく》」である。

2　浅草瓦町邸内

浅草瓦町邸内を撮影した写真。撮影された書院は、明治８年（1875）４月４日の明治天皇行幸時には騎兵隊の控室して利用された。右側には瓦斯《ガス》灯も写っている。

3　浅草瓦町邸宅と庭園

写真左側の二階は明治８年（1875）４月に明治天皇が行幸した際、宮内省内膳課職員の控室で、その奥が御座所となった建物である。庭園の石橋を挟んだ右側の建物は書院である。

4　浅草瓦町邸内の庭園

浅草瓦町邸の敷地は5000坪ほどであったが庭園が大部分を占めていた。大きな石橋を池の中央に配した潮入りの庭園で、海水を取り入れるために潮の干満によって変化のある景観を楽しむことができた。写真には筋違いの石橋や雪見灯籠が写っている。

5　浅草瓦町邸の船着場

隅田川から浅草瓦町邸を撮影した写真。邸宅には船着場があり、隅田川を渡るための舟が数多く繋留されている。

6　浅草旧本多邸

旧本多家下屋敷を撮影した写真。尾張徳川家の浅草瓦町邸の北に位置し、蔵前に近い隅田川沿いの浅草須賀町（現・東京都台東区柳橋２丁目）にあった。江戸時代は天王社（御蔵前牛頭天王）があったことから浅草天王町《てんのうちよう》と称した。幕末に活躍した三河国岡崎藩主本多忠民は京都所司代や老中を務め、明治２年（1869）に家督を継いだ婿養子の忠直は廃藩置県まで岡崎藩知事を務めていた。邸宅の北側には鳥越川が流れており、そこに架かる須賀橋（天王橋）より隅田川に至る堀は俗に「おいてけ堀」と称された。

7　浅草寺五重塔

金龍山浅草寺の五重塔は、天慶5年（942）に平 公雅《たいらのきんまさ》によって本堂（観音堂）とともに建立された。数回にわたり倒壊や炎上に遭ったが、その都度再建された。江戸幕府三代将軍徳川家光によって再建された五重塔は、明治44年（1911）国宝に指定された。その後太平洋戦争の戦火により焼失したが、戦後に新様式の五重塔を再建するに至った。写真は明治初年に撮影されたもので、五重塔の手前に弁天池が広がる。弁天池は明治19年6月に埋められた。写っていないが右側には弁天堂と鐘楼（時の鐘）がある。慶勝と交流のあった、浅草の写真師内田九一《くいち》は弁天堂の鐘楼を含めたほぼ同じアングルの写真を撮影していることから、慶勝は九一の助言を得てこの写真の撮影を試みたのかも知れない。

8　浅草寺仁王門

浅草寺の山門である仁王門を撮影した写真。現在は寺宝や経典を収蔵していて宝蔵門といわれている。仁王門の右側には二尊仏が安置されており、その背が見える。境内の弁天山付近から撮影したと思われる。「濡れ仏」の名で知られる二尊仏は、貞享4年（1687）に神田の太田久衛門正儀によって製作された。観音と勢至の二つの菩薩像がある。願主は上野国（現・群馬県）館林の高瀬善兵衛で、以前奉公していた日本橋伊勢町の米問屋への恩返しと菩提を弔うために奉納した。

9　両国橋

両国橋は明暦３年（1657）の大火のとき、日本橋方面から逃れてきた群衆で大混乱となり、多数の犠牲者が出たために建造された。新大橋・永代橋・吾妻橋とともに江戸の四大橋の一つに数えられた。この写真の両国橋は木造であることから、改修される明治８年（1875）以前の撮影であることがわかる。隅田川には多くの舟が繋留され、手前の舟には多くの材木が積まれている。江戸時代の主要な輸送手段が水上交通であったことを想い起こさせる１枚。

10　両国百本杭

この写真が納められている「本所長岡・浅草邸・両国・亀井戸界隈写真帳」には「両國百本杙」と記されている。隅田川は両国橋の上流のカーブがきつく、荒川・中川・綾瀬川などが流れ込んで激しい流れとなるので、護岸のため杭を打ち込み、流れを和らげていた。両国橋の北側に打ち込まれた数多くの杭は「百本杭」と呼ばれ、隅田川の風物詩として人々に親しまれていた。明治末期になると護岸工事でほとんどの杭は抜かれたため、現在この風景を見ることはできない。

〈1〉

11　両国橋を望む（連続写真）

写真奥に見える橋の背景が写真９に酷似していることから、この木造の橋は両国橋であろう。２枚の連続写真である。江戸時代、両国橋の両側には火除地の広場があり、その広小路は見世物小屋や水茶屋が並び、盛り場となっていた。

〈11—1〉

〈2〉

〈11—2〉

12　柳橋

柳橋は神田川の隅田川口に位置する橋で、元禄11年（1698）に架けられた。写真の柳橋は中央が高く反った木造の橋であることから明治初年に撮影されたものと考えられる。浅草橋から柳橋にかけては数多くの船宿や料亭が軒を連ねており、隅田川の舟遊びの拠点として繁盛した。右側の建物は万八楼で、文化年間（1804～18）以降、書画会などの会場としても知られていた。吉原に向かう猪牙舟《ちよきぶね》や納涼・花火見物に使用する屋根舟が並んでいるのが確認できる。

13　料亭・川長

川長《かわちよう》は柳橋の北側の新片町にあった料亭である。柳橋界隈に立ち並ぶ料亭のなかでも酒肴の評判が高く、明治８年（1875）４月４日に明治天皇が尾張徳川家の浅草瓦町邸に行幸した際には、川長が誂えた鯉の活桶や蜆、鴨などが献上された。

14　浅草瓦町邸から隅田川を望む

尾張徳川家の浅草瓦町邸二階の本間から両国橋方面を撮影した写真。明治８年（1875）４月４日に明治天皇は浅草瓦町邸に行幸しており、御座所となった本間からこの写真に写し出された風景を御覧になったと思われる。この日、天皇はまず水戸徳川家の本所《ほんじよ》小梅《こうめ》邸へ行幸し、馬車で移動して午後３時半に浅草瓦町邸へ到着した。天皇は隅田川に面した二階の本間に着座し、慶勝・義宜父子らの拝謁を受けた後、尾張徳川家伝来の什宝14点を観賞し、午後５時半に退去した。このとき天皇から下賜された自筆の和歌短冊には「見わたせば　つらなる桜　さきみちて　朝日ににほふ　春のたのしさ」とあり、隅田川堤の桜が満開だったことが偲ばれる。この行幸は尾張徳川家が明治天皇を私邸に迎えた初めての慶事であり、慶勝が維新の功臣であることの証しになったといえよう。

〈1〉

〈2〉

15　隅田川・薬研堀付近（パノラマ写真）

隅田川と竪川《たてかわ》が合流する本所尾上町《ほんじよおのえ》（現・東京都墨田区両国１丁目）辺りから隅田川西岸を撮影した写真。向両国《むこうりようごく》と呼ばれた尾上町近くには元町の中村楼（写真70）など、料亭が並んでいたことから、その一つと思われる料亭の建物から撮影したものであろう。写真の右側には薬研堀《やげんぼり》に架かる元柳橋（難波橋）が見える（〈３〉）。元柳橋の北側は江戸随一の盛り場といわれた両国広小路である。中央から左側（〈１〉〈２〉）にかけては一橋家下屋敷などかつての大名屋敷が建ち並んでいる。明治初年の大川端《おおかわばた》の風景を撮影したパノラマ写真である。

〈3〉

〈15—1〉

〈15—2〉

〈15—3〉

16　元柳橋

薬研堀の河口に架かっていた元柳橋を撮影した写真。神田川に柳橋（写真12）が架かったため、この名称になったといわれている。難波橋とも呼ばれた。薬研堀（現・中央区東日本橋１丁目）には正保年間（1644〜48）に矢ノ倉と称する米蔵が置かれ、入堀として開削された。元禄11年（1698）の火災により蔵が築地に移転すると、薬研堀の大半は埋め立てられた。明治５年（1872）には薬研堀埋立地と近くの武家地が合併して薬研堀町となった。

〈1〉

〈2〉

〈3〉

〈7〉

17　両国・浅草蔵前の風景（パノラマ写真）

尾張徳川家の浅草瓦町邸屋上から撮影した９枚のパノラマ写真。邸宅の西側の蔵前から東部の本所方面を望む。一部連続していない部分もあるが、慶勝は360度のパノラマ撮影を試みたと思われる。両国橋（〈５〉）・百本杭（〈３〉〈４〉）・回《え》向院《こういん》の屋根（〈３〉）・御竹蔵（〈１〉〈２〉）などが確認できる。隅田川にかかる両国橋（〈５〉）が明治８年（1875）に架け替えられる以前の姿のため、撮影時期は慶勝が浅草瓦町邸に移住した明治４年から同８年までの景観と推定される。

〈4〉 〈5〉 〈6〉

〈8〉 〈9〉

〈17—1〉

〈17—2〉

〈17—3〉

〈17—4〉

〈17—5〉

〈17—6〉

〈17—7〉

〈17—8〉

〈17—9〉

本所長岡町邸とその風景

18　本所長岡町邸長屋前

浅草瓦町邸は隅田川に面した風光明媚な邸宅であったが、手狭のため明治５年（1872）４月に、徳川慶勝は夫人の矩子《かねこ》（準子）や子で十六代当主の義宜《よしのり》らとともに本所長岡町（現・東京都墨田区石原４丁目）に、新たな本邸を構えた。旗本であった小笠原左門の屋敷2642坪余りを譲り受けた後、隣接する西尾隼人助邸も購入して敷地を広げた。以後、浅草瓦町邸は別邸として使用されることになった。写真は長屋と邸宅前の通りを撮影したものである。写真右側の手前には瓦斯《ガス》灯が写されており、そこに車夫がポーズをとって佇んでいる。

19 本所長岡町邸前の通り(1)

慶勝の新居となった本所長岡町邸前の通りを撮影した写真。写真18とは逆方向から撮影している。西洋的構図に基づく、遠近法を用いた奥行きのある空間が写し出されている。

20 本所長岡町邸前の通り(2)

本所長岡町邸から先に続く通りを撮影した写真。邸宅の角に設置された瓦斯灯や慶勝とその家族が使用していた人力車が写っている。

21　二頭立て馬車と馬口取

二頭立ての馬車と口取りの男性が写っている。慶勝・矩子夫妻は人力車や馬車で邸宅近くの本所の他、両国・浅草・日本橋など東京各所に出かけていた。本所長岡町邸前の通りで撮影したと思われる。

22　本所長岡町邸前の通り(3)

写真20よりもさらに奥の通りを撮影した写真。写真の奥には家屋が見られるが、建物が少なく、当時は畑や野原が広がっていた様子がうかがえる。

23　本所長岡町邸を望む

本所長岡町邸の建物を撮影した写真のガラス原板。邸宅の一部は洋風建築が施されていた。この洋風二階建ての奥には中庭があった。

24　本所長岡町邸内の庭(1)

本所長岡町邸内の庭を木戸から撮影した写真。左側に写真23の二階建ての洋館が見える。和風の庭園で写真右側には灯籠が写っている。

25　本所長岡町邸内の庭(2)

写真24の右側奥の庭を撮影した写真。

26　本所長岡町邸内の屋敷神

本所長岡町邸の敷地内に安置された屋敷神の建物を撮影した写真。屋敷神を祀った堂社の前には立派な鳥居があった。

27　本所長岡町邸内の屋敷神と菖蒲

屋敷神を祀った堂社の脇の敷地には数多くの菖蒲が植えられていたことがわかる。

28　本所長岡町邸内に広がる菖蒲

写真27と同様に本所長岡町邸の敷地に広がる菖蒲を撮影したもの。慶勝は江戸時代からの名所であった堀切の菖蒲園にも足を運んでいる。

〈1〉

29　本所の町並みと長岡町邸を望む(1)（連続写真）

本所長岡町周辺の町並みの遠望を撮影した連続写真。写真30を含めたパノラマ撮影を試みたと思われるが、風景が連続しない箇所がある。この写真の右側には本所長岡町邸の二階建ての洋風建築が見える。

〈2〉

〈1〉　〈2〉

30　本所の町並みと長岡町邸を望む(2)（パノラマ写真）

本所長岡町周辺の町並みを撮影した連続写真。比較的家屋が密集している様子がわかる。写真の中央（〈２〉）には本所長岡町邸内に安置された屋敷神（写真26）が見える。本所長岡町邸は明治12年（1879）１月に慶勝が本所横網町邸へ移住したことにより、同年４月に売却した。

〈3〉

〈30—1〉

〈30—2〉

〈30—3〉

本所横網町邸から撮った風景

31　本所横網町邸正門

本所横網《よこあみ》町邸（現・東京都墨田区横網一丁目、国技館・江戸東京博物館辺り）は、明治11年（1878）に大原家から購入し、翌12年１月より徳川慶勝が本邸とした邸宅である。正門は敷地の西側、隅田川に面して設けられていた。門番所や瓦斯《ガス》灯が写されている。

32　本所横網町邸洋館

正門の奥にあった洋館を撮影した写真。邸宅への玄関棟で接客や事務所として使用されたと思われる。洋館はこの部分のみで、他の建物は和風建築であった。

33　本所横網町邸三階楼

慶勝が高所からの撮影を行うため、邸内に特別に作らせた望楼を撮影した写真。屋上は展望台であると同時に、撮影台でもあり、ここから浅草や本所など、隅田川界隈の風景を撮影した。

34　本所横網町邸内の庭園

本所横網町邸内の庭園を撮影した写真。大きな泉水を中心とした回遊式の和風庭園が広がっていた。

〈1〉 〈2〉

35　本所横網町邸と庭園（連続写真）

本所横網町邸の建物と庭園を撮影した連続写真。三階楼を中心にその手前に広がる泉水が写っている。写真左側の木々の向こう側には正門奥にあった洋館が見える。邸内には慶勝の撮影・現像のための写真場も設置された。

〈35—1〉

〈35—2〉

36　移設された三階楼

本所横網町邸にあった三階楼は慶勝お気に入りの建物であったため、明治27年（1894）に名古屋大曽根《おおぞね》邸を建築する際に移設された。敷地の大半を名古屋市に寄贈した昭和５年（1930）にも、残された徳川邸内に再移築して大切にされた建物であったが、昭和20年の空襲で焼失した。

37　本所横網町邸内の庭園

銀座で開業していた写真師二《ふた》見《み》朝隈《あさま》が本所横網町邸内の庭園を撮影した写真。十八代当主徳川義禮《よしあきら》をはじめ男女数名が、池の周辺を散策している様子がうかがえる。

38　本所横網町邸内の庭園と徳川義禮

この写真裏面には「徳川邸池まえより座敷をうつす」と記載されている。明治21年（1888）２月28日に銀座の写真師二見朝隈が撮影した写真である。邸宅の右端にたたずんでいるのが義禮であろう。

39　徳川義禮と良子

結婚して間もない洋装の義禮・良子《かたこ》夫妻を本所横網町邸内の月見亭で撮影した写真。明治21年（1888）２月28日に銀座の写真師二見朝隈が撮影した。良子は慶勝の七女である。

40　徳川義禮・良子婚礼祝儀品

義禮と良子の婚礼祝いの品々を撮影した写真。写真左奥の酒樽の隣を見ると、松平容保からも御祝いの品が贈られているのが確認できる。明治21年（1888）２月28日に銀座の写真師二見朝隈が撮影した。

41　本所横網町邸からの隅田川遠望(1)

本所横網町邸の屋上から、隅田川を撮影した写真のガラス原板。写真右上の奥に見えるのは吾妻橋であろう。屋根には雪が残っており、明治初年のある冬の浅草・両国方面の景観である。

42　本所横網町邸からの隅田川遠望(2)

本所横網町邸の屋上から、隅田川を撮影した写真のガラス原板。薬研堀から浜町方面の隅田川沿いを撮影したものと思われる。

〈1〉

〈2〉

〈3〉

〈6〉

〈7〉

〈8〉

43　本所横網町邸周辺の風景（360度パノラマ写真）

三階楼の屋上より撮影した邸宅周囲のパノラマ写真。慶勝の写真のなかで、唯一の360度パノラマ写真で、9枚の写真で構成される。隅田川対岸の浅草瓦町別邸（〈4〉～〈6〉の対岸部分）から本所横網町邸とその周辺（〈4〉～〈5〉の手前、〈6〉～〈9〉）を撮影している。横網町邸庭園の池部分（〈1〉～〈3〉）は、現在のJR両国駅西口の旧駅舎付近であることから、ほぼ両国の国技館正面の位置より撮影した写真といえよう。

〈4〉

〈5〉

〈9〉

参考　邸宅位置の変遷図（国土地理院発行の25000分の１地形図〈東京首都〉を使用した）

〈43—1〉

〈43—2〉

〈43—3〉

〈43—4〉

〈43—5〉

〈43—6〉

〈43—7〉

〈43—8〉

〈43—9〉

江戸の原風景—本所の町並み

44　本所の町並み(1)

本所にあった入歯店の松井吉兵衛店（道路の右手中央に「○御入歯」の看板）や、「あんこ」（左手前）、「だんご」（右手前）などの看板が見える。手前には木材を積んだ大八車、左下には慶勝が乗っていたと思われる葵紋の付いた人力車が見える。一番手前（写真の最下部）に写る橋の欄干の下に建てられた杭に「従是西《これよりにし》」とあるため東西の通りだとわかり、構図からみて本所長岡町邸近くにあった法恩寺《ほうおんじ》橋西側を撮影したと推定される。右側は本所新坂《しんさか》町、左側は本所清水町（ともに現・墨田区石原４丁目）の景観と思われる。

45　幌付馬車と人力車

普段徳川慶勝とその家族が利用していた馬車と人力車である。本所長岡町邸前で撮影した写真。

46　南本所石原町

本所長岡町邸の西部にあった町並みを撮影した写真。右端は塩せんべい屋である。南本所石原町（現・墨田区石原１～２丁目）は東西500メートルにわたる町並みであったため、どの場所で撮影したかは不明である。

47　本所清水町(1)

本所長岡町邸近くの横川沿いにあった本所清水町（現・墨田区石原４丁目・亀沢４丁目）の町並みを撮影した写真。南北の町であるため、影の角度からみて南から北を撮影したと思われる。

48　本所清水町(2)

写真47と同様に本所清水町の商家の並ぶ通りを撮影した写真。慶勝が整理・保管した「本所長岡・浅草瓦町邸写真帳」に納められた１枚。

49　本所割下水(1)

本所には北割下水と南割下水があり、この写真を納めている「本所長岡・浅草瓦町邸写真帳」にもどちらを撮影した写真かは記載がなく、不明である。割下水《わりげすい》とは、道路の中央に下水が設けられたため、道路を割るという意味で付けられた区域名である。

50　本所割下水(2)

同じく本所割下水を撮影したもので、写真の右側に溝渠が見える。北割下水は本所荒井町（現・本所１・２丁目、東駒形１・２丁目）から南方の横川に至る位置にあり、南割下水は本所亀沢町から一直線に東方の長崎町（現・墨田区亀沢４丁目）と本所清水町の中間に至り、横川に注いでいた。

51　本所学校(1)

明治5年（1872）8月の学制公布にともない、全国に学区ごとの学校が設置されることになった。写真の本所学校は、明治7年3月に本所長岡町邸近くの第6大区7小区の本所永倉町2番地に校舎を新築し、翌明治8年10月に開校した。慶勝の子で十六代当主の義宜《よしのり》は、校舎の建築費用として金3000円を寄付している。

52　本所学校(2)

53　本所の店並み(1)

本所長岡町邸近くの法恩寺橋辺りの町並みを撮影した写真と思われる。

54　本所の店並み(2)

本所長岡町邸近くの町並みを撮影した写真と思われる。通りには雪が多く残り、木橋は通行止めになっている。写真右側には瓦斯《ガス》灯が見える。

55　本所の店並み(3)

本所の広々とした大通りとその町並みを撮影している。傘を差して通りを歩く人が写っている。露光が長いため、移動する人々はかすれているが、大勢の人々が行き交っていたと思われる。左側の奥に火の見櫓が見え、右側には店先で人力車とその前に座っている車夫が写っている。

56　本所の店並み(4)

本所の料理屋や商家が建ち並ぶ通りを撮影している。手前の料理屋にはお客を待つ人力車が写っており、その店の入り口に人が佇んでいるのが見える。

57　本所の店並み(5)

本所の米屋やそば屋といった商家が建ち並ぶ通りを撮影している。「きそば」（道路の左手中央）などの看板が見える。露光時間の関係から鮮明な画像にはなっていないが、通りを多くの人々が往来していたと思われる。

58　屋上から見た本所の町並み(1)

屋上から本所の通りを撮影した写真。表通りの町並みの様子がわかる。写真左側の手前には人力車が並んでいる。

59　屋上から見た本所の町並み(2)

同じく屋上から本所の表通りの町並みを撮影した写真である。

60　本所の店並み(6)

本所の表通りに建ち並ぶ商家を撮影した写真。左から２軒目に「きそば」の看板が見え、店の前には人力車が止まっている。

〈1〉

61　本所の町並み(2)（連続写真）

屋上から本所の表通りの町並みを撮影した連続写真。写真59には写っていない商家の建ち並んだ様子がうかがえる。

〈61―1〉

〈2〉

〈61—2〉

〈1〉　〈2〉　〈3〉

62　本所の町並み遠望（パノラマ写真）

本所の町並みを撮影したパノラマ写真。５枚の写真で構成されている。商家が建ち並ぶ表通り（〈３〉）も写されている。

〈62—1〉

〈4〉

〈5〉

〈62—2〉

〈62—3〉

〈62—4〉

〈62—5〉

63　浸水した町並み

洪水によって浸水した本所の町並みを撮影した写真。この写真の他にも、慶勝の邸宅があった本所界隈で起きた災害の様子を撮影している。

64　浸水した本所長岡町邸前の通り

洪水の被害を受けた本所長岡町邸前の通りを撮影。邸宅の角に設置されていた瓦斯灯も水に浸かっているのがわかる。

65　台風一過の民家

台風により被害を受けた家屋を撮影した写真。屋根の瓦が吹き飛んだり、一部家屋が破壊されている様子が確認できる。

66　修復中の民家

台風で破壊された民家を修復している様子を撮影した写真。慶勝が住んでいた本所における被害の様子を記録したものであろう。

〈1〉　〈2〉　〈3〉

67　本所遠望（パノラマ写真）

本所の町並みを撮影したパノラマ写真。360度のパノラマを試みたと思われるが、連続しているのは5枚の写真である。

〈67—1〉

〈4〉

〈5〉

〈67—2〉

〈67—3〉

〈67—4〉

〈67—5〉

68　向島の桜

江戸時代に八代将軍徳川吉宗によって桜の名所となった向島《むこうじま》の隅田川堤を撮影した写真。桜樹の間に設けられた仮設の茶屋が写されている。

69　向島遠景

向島の隅田川堤の遠景を撮影した写真。桜の木々と花見を楽しむための茶屋が見える。この場所は墨堤《ぼくてい》と称され、夜桜見物で賑わった。

70　向両国の中村楼

中村楼は本所の元町（俗称として向両国《むこうりようごく》とも呼ばれた。現・墨田区両国１丁目）にあった料亭で、別称を井生村楼といった。様々な会合に使用された大店で、慶勝や妻矩子《かねこ》、慶勝の弟茂栄《もちはる》（茂徳《もちなが》）等が訪れた記録が残っている。

71　隅田川沿いの料亭

隅田川沿いにあった料亭らしき建物を撮影したものだと思われる。どこの料亭か判然としない。

72　木母寺

木母寺《もくぼじ》は隅田川堤の北部に位置する（現・墨田区堤通２丁目）。僧忠円が貞元元年（976）に梅若丸（吉田惟房の子）の墓所を築き、翌年に念仏堂が建立されたことから当初は梅若寺と称した。慶長12年（1607）に前関白近衛信尹《のぶただ》が参拝のときに、梅の字を分けて木母寺と改称された。江戸幕府の保護を受けていたが、明治になると廃寺となり、跡地に梅若神社が創建された。写真には神社の鳥居が写っている。その左側には梅若塚があった。明治21年（1888）に木母寺として復興した。慶勝と矩子夫妻が舟で隅田川を渡り、この地を訪れていた記録が残されている。

73　運河の遠景(1)

場所の特定が難しいが、本所地域を縦横に流れていた竪川、大横川などの風景を撮影した可能性がある。写真中央の奥に小さく見える２艘の舟が、写真74では手前に写っており、撮影のための時間をゆっくりと過ごしていたことが感じられて興味深い。

74　運河の遠景(2)

75　柳島妙見堂

「柳島の妙見さま」と慕われている柳嶋妙見山法性寺《やなぎしまみようけんさんほつしようじ》は日蓮宗の寺院で、本所の柳島元町（現・墨田区業平５丁目）にある。東京スカイツリーの近くに位置する。写真左側の屋根の見える建物が妙見堂で、開運北辰妙見大菩薩を祀った本堂である。葛飾北斎が信仰していたことで有名で、妙見堂を題材とした名画を数多く残している。写真右側の奥に見えるのが横十間川《よこじつけんがわ》に架かる柳島橋で、その袂の建物は料亭橋本楼である。

76　亀戸天神前の町並み

横十間川からみた亀戸天神西側の亀戸町（現・墨田区亀戸３丁目）の町並みを撮影。川には屋根舟が繋留されている。明治７年（1874）11月、慶勝は舟で器材を運んで亀戸天神社を撮影しているが、この写真に写っている鳥居をくぐり、境内に向かったのであろう。写真の奥に楼門の側面や西門が見える。

77　亀戸天神太鼓橋

亀戸天神社は菅原道真を祀る太宰府天満宮を模して造営されており、太鼓橋はその一つである。藤の名所としても知られ、多くの参詣客が訪れた。この写真からも藤棚が確認できる。歌川広重の『名所江戸百景』にも亀戸天神を象徴するものとして、遠景の太鼓橋と近景の藤棚から下がっている藤が対照的に描かれている。

78　亀戸天神社殿と藤棚

亀戸天神の社殿を撮影したもの。亀戸天神は学問の神として庶民の信仰を集めていた。社殿の前には藤棚が広がっている。

79　亀戸天神拝殿

亀戸天神社は明暦の大火後の再開発事業の一環として勧請され、江戸の名所となった。明治に入ってからも参詣者は絶えず、慶勝も本邸からほど近いこともあって、撮影以外でも家族と一緒に頻繁に訪れていた。

80　亀戸天神の神牛

天神様である菅原道真が承《じょう》和《わ》12年（845）「乙丑年」の誕生であったこと、死去後に社殿を建立して御霊をお祀りしたのが「乙丑年」であったことから、牛との関わりを大切にし、古来から信仰されていた。この写真が納められている「本所長岡・浅草邸・両国・亀井戸界隈写真帳」には「亀井戸召牛」と記されている。現在は昭和36年（1961）に奉納された御神牛の座像がある。

〈1〉　〈2〉

81　田園風景（パノラマ写真）

東京の秋の田園風景を撮影した3枚からなるパノラマ写真。この写真が納められている「本所長岡・浅草邸・両国・亀井戸界隈写真帳」には撮影場所の記載がなく、構図の特徴もないため、撮影箇所を特定することは難しい。向島、もしくは浅草北部の景観とも考えられる。

〈3〉

〈81—1〉

〈81—2〉

〈81—3〉

江戸の名残と東京の近代化

82　日本橋

我が国の交通網の拠点である明治初年の日本橋を舟の上から撮影した写真と思われる。江戸市中に架けられた橋のなかで擬宝《ぎぼ》珠《し》が設けられたのは日本橋、京橋、新橋のみであるが、堀の幅からみて、この写真に写っているのは日本橋と推定される。

83　建設中の第一国立銀行

日本橋近くの海運橋《かいうんばし》東詰（現・中央区兜町）に建設中の第一国立銀行を撮影した写真。手前に写る日本橋川の分流楓川には数多くの舟が繋留している。当初この建物は三井組ハウスとして明治5年（1872）6月に竣工したが、第一国立銀行に譲渡された。

84　第一国立銀行・海運橋

明治6年（1873）に開業した第一国立銀行の写真。海運橋とその右方に位置する第一国立銀行を望む角度から撮影している。徳川慶勝は明治7年12月10日の午前9時から、舟に撮影器材を載せて海運橋付近に赴き、一日中撮影したことが記録されている。この写真はそのときに撮影された1枚と考えられる。「東都第一の写真師」といわれた内田九一《くいち》も明治5、6年頃に同じ構図の写真を撮影している。慶勝は九一と交流があり、九一の助言・指導を得ながら、この写真の撮影に挑んだと思われる。

85　常盤橋の遠景

明治初年の常盤橋《ときわばし》を撮影した写真。写真の橋は木造であることから、洋風の石橋に架け替えられる明治10年（1877）以前の撮影と思われる。江戸時代の常盤橋は本町通り、浅草御門を経て浅草方面へと延びる奥州街道の起点であった。橋の奥に火の見櫓が建っているのがわかる。橋の左手は皇居（旧江戸城。現在の常盤橋公園付近）である。

86　吹上御苑道灌堀の吊り橋

吹上《ふきあげ》御苑と旧江戸城西之丸の間に架けられた橋を撮影した写真。明治３年（1870）にＴ・Ｊ・ウォートルスの設計により道灌《どうかん》堀《ぼり》に架けられた日本最初の鉄製吊り橋である。内田九一が撮影した名刺大写真もあり、これを参考に慶勝が撮影したものと考えられる。

87　吹上御苑・滝見御茶屋

慶勝が撮影した皇居内吹上御苑（旧江戸城吹上御庭）の写真。明治天皇は、かつて徳川将軍家の庭園であった吹上御庭の景観を記録しておくことに高い関心を寄せていた。慶勝は、明治12年（1879）５月15日に天皇の意向を受けた宮内省より依頼され、天気の良い日を選んで同月23日に撮影を行って、31日に完成品を献上した。慶勝の高水準の撮影技術は、天皇にまで聞こえていたという逸話を示す写真といえよう。

88　吹上御苑の競馬場

吹上御苑内には競馬場があり、しばしば競技が開催された。競技は明治8年（1875）から同17年まで続けられた。明治天皇は競馬が好みであったらしく、よく観戦に訪れていたようである。

89　吹上御苑の滝

吹上御苑の庭を撮影した写真と思われる。上野寛永寺の輪王寺宮御殿の庭園を撮影した写真との説もあるが、写真帳には写真87・88とともに納められているので、吹上御苑に関する写真といえよう。庭園内の滝の様子は明治天皇の命を受けた内田九一も撮影している。

90　吹上御苑（連続写真）

吹上御苑の庭を撮影した２枚の連続写真。この写真も上野寛永寺の輪王寺宮御殿の庭園を撮影した写真との説もある。緑豊かで中央に大きな池が広がる日本庭園の景観である。

〈1〉

〈90―1〉

〈2〉

〈90—2〉

〈1〉　〈2〉　〈3〉

91　上野不忍池（パノラマ写真）

上野の不忍池《しのばずのいけ》を撮影したパノラマ写真。5枚の連続写真で写真右側の弁天参道（〈4〉～〈5〉）から左側の池之端辺り（〈1〉～〈2〉）までが写っている。不忍池の南東隅付近にあった料亭らしき建物より撮影したと思われる。写真右端（〈5〉）に見える鳥居は上野東照宮の南鳥居で、明治維新後に江戸城の紅葉山《もみじやま》から移築したものである。中央の台地上には旧富山藩・前田家の下谷池之端上屋敷内の洋館と思われる建物（〈3〉）が見えることから、明治初期の景観であることがわかる。

〈91―1〉

〈4〉 〈5〉

〈91—2〉

〈91—3〉

〈91—4〉

〈91—5〉

92　上野三枚橋

明治初年における上野の三枚橋を撮影した写真。明治２年（1869）に上野三《み》橋《はし》町が起立した。三橋の名は不忍池から流れる忍川に架かる三つの橋という意味による。また、江戸時代に将軍が寛永寺を参詣する際、必ず中央の橋を通ったことから「御橋」と呼ばれていたことに由来するとも言われている。三枚橋（三橋）を渡ると上野広小路の町並みが広がっていた。

93　上野山下

江戸時代には上野東叡山の側に位置することから、「山下《やました》」と呼ばれていた。芝居小屋や商家が数多く軒を連ねており、人々の出入りも多く賑わっていた。

94　芝居小屋が並ぶ風景

歌舞伎や新派劇を興行する芝居小屋が並ぶ通りを撮影した写真と思われる。慶勝・矩子《かねこ》夫妻はしばしば浅草や猿若町へ芝居見物に出かけていた。

95　桐座

四谷荒木町（現・新宿区荒木町）に建てられた歌舞伎小屋の桐座《きりざ》を撮影した写真。桐座は、明治６年（1873）に葺屋町《ふきやちょう》（現・中央区日本橋人形町）から、尾張徳川家の分家である高須松平家の四谷上屋敷跡地に移転した。四谷上屋敷は慶勝が誕生した場所であり、２万1000坪余の敷地があった。現在は庭園の池泉や石垣の一部、屋敷神だった金丸稲荷神社が残るのみである。

96　万世橋と神田川

明治６年（1873）頃に撮影した万世橋《まんせいばし》の写真。慶勝が収集した写真のアルバムに納められていた１枚。神田川に面した筋違《すじかい》橋《ばし》が明治６年に撤去されると、旧江戸城筋違門の石塁を再利用してその少し上流に万世橋が架けられた。二連のアーチは水面に映ると眼鏡のように見えたので眼鏡橋と呼ばれた。写真奥の左側の森には湯島聖堂があり、右側は神田明神である。

97　滝野川（連続写真）

石神井川《しやくじいがわ》が渓谷をなす滝野川（現・東京都北区）は、徒歩で日帰りできる江戸最北の名所であった。風光明媚な景勝は、近くの飛鳥山《あすかやま》の桜とともに、江戸を代表する名所として親しまれ、多くの料理茶屋が設けられていた。滝野川へは明治７年（1874）11月に慶勝の子で十六代当主の義宜《よしのり》が巣鴨の植木屋に立ち寄った帰りに訪れた記録が残されている。

〈1〉

〈97—1〉

〈2〉

〈97—2〉

98　永田町より旧江戸城・霞ヶ関方面を望む⑴（連続写真）

慶勝の弟茂栄《もちはる》（茂徳《もちなが》）が当主であった永田町の一橋徳川家屋敷（現・衆議院第一議員会館付近）から旧江戸城・霞ヶ関方面を撮影した連続写真。同地点からの写真は７枚残っており、360度のパノラマ撮影を試みたようだが、一部分しか連続していない。摂津国三田《さんだ》藩の九鬼家上屋敷などかつて大名屋敷であった場所が写されている。なお、撮影場所となった屋敷が一橋家屋敷となったのは慶応４年（明治元・1868）８月のことで、それ以前は慶勝の正室矩姫《かねひめ》の実家である二本松藩・丹羽家の上屋敷であった。

〈1〉

〈98—1〉

〈2〉

〈98—2〉

〈1〉

99　永田町より旧江戸城・霞ヶ関方面を望む(2)（連続写真）

一橋徳川家の屋敷から北東部を撮影した連続写真。慶勝が弟一橋茂栄の御殿を訪れ、屋根に設置された物見台から撮影したものである。写真左側から中央にかけては彦根藩の井伊家上屋敷で、右側には広島藩の浅野家上屋敷が写っている。手前の空地は浅野家の中屋敷があった場所ですでに更地になっている。写真の奥には旧江戸城の森が広がっており、その右側に外桜田門の櫓（〈2〉の中央奥）が見える。

〈2〉

100　永田町・霞ヶ関の旗本屋敷

一橋徳川家の屋敷から北部を撮影した連続写真のうちの１枚。手前は解体中の旗本五島家（肥前国福江藩・五島家の分家）の屋敷、隣の御長屋は旗本の勝田左京邸、通りを挟んで向かいの二階建ての屋敷は永田仁三郎邸である。この場所は多数の旗本屋敷が建ち並んでいた。

101 永田町より日吉神社を望む

一橋徳川家の屋敷から西側を撮影した連続写真のうちの１枚。写真の下部に写っているのは日吉山王権現社（現・日枝神社）の鳥居である。江戸城の鎮守として、将軍家や数多くの大名が参詣した。

〈1〉

〈2〉

102　麻布の旧大名屋敷を望む（パノラマ写真）

麻布地域（現・東京都港区）を流れる古川沿いの旧大名屋敷が並ぶ通りを撮影した写真と思われる。４枚で構成されたパノラマ写真。麻布は両岸に武家屋敷が建ち並んでいた。手前に写っているのが古川の上流に架かる三之橋（〈４〉）とすると、橋の右側は、かつて高知新田藩主であった山内家の屋敷となる（〈４〉）。その左側は、大和高取藩主であった植村家の屋敷（〈２〉〈３〉〈４〉）、その隣は信濃飯田藩主であった堀家の屋敷（〈１〉）と、旧大名屋敷が並んでいる。この写真には写っていないが、三之橋の南東側は三田綱坂に至り、そこには慶勝の弟松平容保《かたもり》の会津松平家下屋敷があった。

〈102—1〉

〈3〉

〈4〉

〈102—2〉

〈102—3〉

〈102—4〉

103　芝口橋付近銀座煉瓦街

銀座煉瓦街南端部の芝口橋付近を撮影した写真。構図からみて汐留《しおどめ》川（芝口堀）を隔てた芝口一丁目（現・港区新橋一丁目東部）付近の町屋の二階から撮影したと思われる。慶勝は第十五国立銀行に出向いた後、しばしば銀座に立ち寄り、そこで開業していた二見朝隈《ふたみあさま》の写真館を訪れている。この写真館で明治11年(1878) 9月に弟の徳川茂栄(茂徳)、松平容保、松平定敬《さだあき》と記念撮影を行うことになる(エピローグ・写真1)。

104　第十五国立銀行・蓬莱橋

木挽町《こびきちょう》 7丁目（現・中央区銀座4丁目）にあった第十五国立銀行の写真。実業界に転身した後藤象二郎《しょうじろう》が明治7年(1874) に興した商社蓬莱社《ほうらいしゃ》が、同9年に倒産した後、同10年に岩倉具視《ともみ》の呼びかけにより、慶勝らが発起人となって同社の建物を利用して第十五国立銀行を設立した。有力華族の出資によって成立した銀行なので「華族銀行」とも呼ばれ、宮内省の御用銀行でもあったことから信用は高かった。

105　石川島灯台

石川島（現・中央区佃２丁目）は寛政２年（1790）に火附盗賊改長谷川平蔵の建議によって人足寄場を設置した場所である。この灯台は慶応２年（1866）に人足寄場奉行清水純畸が、隅田川の河口や品川沖を航行する船舶のため、油絞りで稼いだ費用で寄場南端に建造したものである。六角二層の堂々たる灯台で、完成した時は近在の漁師に大いに喜ばれた。写真の右側は佃島（現・中央区佃１丁目）で、二連の屋根は住吉神社である。これと同じ名刺判写真がいくつか残されていることから、慶勝も購入してアルバムに保管したのであろう。慶勝は舟で佃島や霊岸島（現・中央区新川１～２丁目）を訪れたことがあり、散策した場所の記録として写真を収集していたと考えられる。

第4章

新天地 北海道・八雲の情景

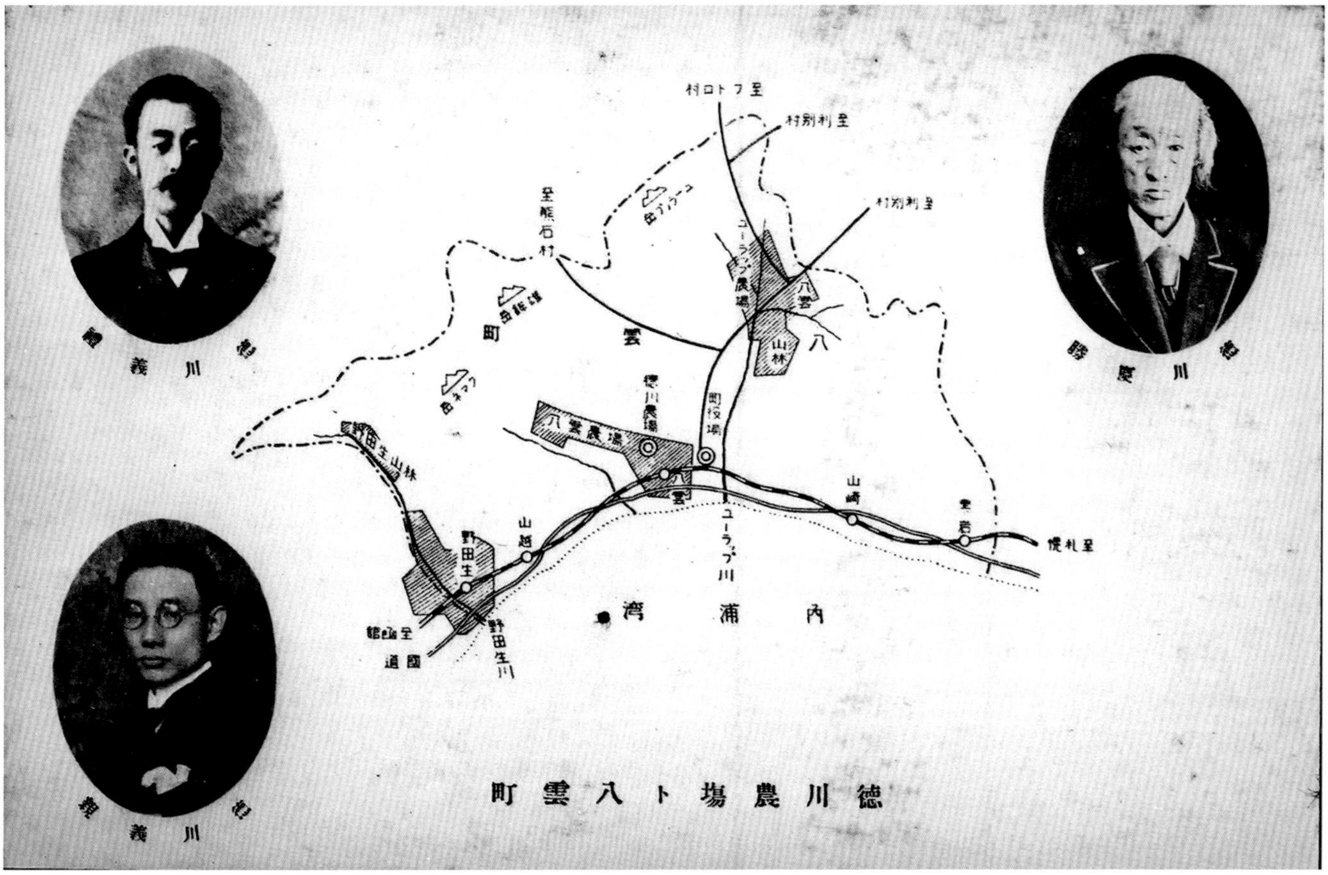

明治政府による中央集権国家体制が進むなか、明治２年（1869）の版籍奉還、同４年の廃藩置県によって、旧藩士たちは士族としての特権は奪われ、その家禄も削減された。同６年からの秩禄処分で家禄が金禄に改められ、同９年には金禄公債証書が発行されるが、その公債を元手に商売を始めて失敗する者が相次ぎ、士族の生活は苦しくなっていった。そこで、徳川慶勝《よしかつ》は、明治維新後に収入が激減した旧藩士たちの救済に力を注いだ。名古屋県では、明治３年から同４年にかけて旧藩士の帰農を奨励する「帰田法《きでんほう》」を実施し、同14年には織工場の３年間貸与を県に要請して、「徳川織工場」を経営し、養蚕場も開設した。慶勝はこのような施策と連動させながら、北海道開拓に新たな士族授産の道を探ることにした。

明治10年７月、慶勝は旧藩士吉田知行・角田弘業・片桐助作の３名を北海道に派遣し、移住・開墾に適した土地を調査させ、胆振《いぶり》国山越《やまこし》郡山越内村遊楽部《やまこしないむらユーラップ》を適地とした。この地は北海道渡島《おしま》半島の北部に位置する。同11年６月に、移住・開墾の資金は尾張徳川家が賄うことを条件に開拓使長官黒田清隆《きよたか》から同地150万坪の無償払い下げの認可を受けた。開拓地は「徳川家開墾試験場」と名付けられ、同年７月より入植が開始された。このとき「徳川家開墾試験場条例」が制定された。この条例は、移住の目的、尾張徳川家からの貸与金の使途とその返済方法、移住民の管理・統制等を規定し、将来は移住民が自立して、産業を育成、発展させていくことを最終目的とした。第１回の移住は、家族15戸・単身者10名であった。開拓は徐々に進められ、同14年に遊楽部は山越内村から分離独立し、八雲《やくも》村（現・北海道二海郡八雲町）となった。「八雲」は慶勝の命名である。この名は、尾張とゆかりの深い熱田《あつた》神宮に祀られている須佐之男命（素盞嗚尊、スサノオノミコト）が詠んだといわれる、「八雲たつ　出雲八重垣妻籠みに　八重垣作る　その八重垣を」から引用された。この和歌は新妻を迎えて新たな生活に臨む気持ちが詠われており、「八雲」という名には、豊かで平和な新しい理想郷の建設を目指していた慶勝の想いが込められていた。慶勝の開拓事業は高く評価され、同16年７月に藍綬褒章が授与された。

八雲での開拓が進むなか、慶勝は明治16年８月１日に死去したが、移住民たちは西洋農法を習得し、緑と水の豊かな立地を生かして、農業・酪農業・林業・漁業などの発展に尽力した。移住民たちは尾張徳川家歴代の神霊とともに熱田神宮の神符を板蔵に祀り、故郷尾張との精神的な結びつきの拠り所としていた。移住民たちの墓は八雲の街が一望できる常丹《とこたん》ヶ丘にあるが、その墓石は尾張の方向に向かって建てられている。

慶勝の死後、明治19年に八雲神社が創立され、翌年には全国で唯一の熱田神宮の分社となった。同26年に移住民が慶勝を「守護神」として祀ることを願い出ると、御霊代が八雲神社に鎮座した。さらに昭和９年（1934）５月には、「徳川慶勝命《みこと》」を合祀しており、現在も毎年８月１日の命日には八雲神社において祭礼が執り行われている。

本章では、「八雲・ユーラップ写真」と名付けられたアルバムのなかから、明治期から昭和初期における開拓の様子を記録した写真を中心に紹介する。これらの写真から、慶勝が描いた理想郷は、移住民の想像を絶する努力によって新天地・八雲で花開き、開拓当初の想いは今も八雲の人々に確実に受け継がれていることが鮮明になるであろう。

開拓地 八雲の風景

1　八雲沿海の風景

徳川慶勝は旧尾張藩士に対する授産の場を新天地に求めていた。明治10年（1877）7月、北海道での開拓地を選定するため、旧藩士の吉田知行・角田弘業・片桐助作の3名を派遣した。一行は8月26日に品川港を出港し、同月30日、函館港に到着した。9月25日、胆振《いぶり》国山越《やまこし》郡山越内村《やまこしないむら》遊楽部《ユーラップ》（のちに八雲《やくも》。現在の北海道二海郡八雲町）の地を見た一行は、肥沃な土地が広がり、水利・気候についても好印象を抱いたため、ここが開拓の適地であると慶勝に報告した。写真は昭和初期に八雲沿海の風景を撮影したものだが、開拓当初の面影を残している。渡島《おしま》半島によって三方を囲まれた内浦湾（噴火湾）が見える。内浦湾は幅約50キロに及ぶ円形の海域で、開拓移住民は海路で遊楽部（八雲）浜を目指し、まずこの地に上陸した。

参考　遊楽部（八雲）位置図

高木任之編『八雲日記—北海道八雲村開墾の記録』（2008年）所収の図をもとに作成

2　八雲海岸より駒ヶ岳を望む

旧藩士吉田知行等の報告を受けた慶勝は、明治11年（1878）５月、開拓使長官黒田清隆に対して移住・開墾の資金は尾張徳川家が賄うことを条件に、同地150万坪の無償払下げを願い出た。開拓使がこれを許可すると、早速移住が開始され、同年11月、82名が遊楽部（八雲）の地に上陸した。このとき上陸した旧藩士の一人、服部正綾の長男正定は当時の状況を後世に伝えるため、『八雲村創業餘談』を編集し、そのなかで画家の十倉《とくら》寒山に上陸の様子を描いてもらっている。写真は昭和初期に八雲海岸から渡島半島にそびえ立つ駒ヶ岳を撮影したものである。開拓当初も移住民たちは、晴天の朝に上陸の地からこのような光景を眺めていたことであろう。現在、遊楽部川河口の八雲浜には「開拓移住者上陸の第一歩の地」と記した記念碑が建っている。

3　遊楽部川遠望

立岩地域から遊楽部川《ユーラップがわ》の上流を撮影した写真。昭和２年（1927）秋の撮影で、丸木舟が浮かんでいるのが見える。寛政３年（1791）に菅江《すがえ》真澄《ますみ》が記録した「えぞのてぶり」のなかでも丸木舟で遊楽部川を渡る様子が描かれている。遊楽部川は遊楽部岳で源を発し、八雲付近の河口で太平洋に面した内浦湾（噴火湾）に注いでいる。

4　遊楽部岳を望む

遊楽部岳は渡島半島のほぼ中央部、八雲の西部に位置し、標高は1,275.5メートルである。開拓に不可欠な遊楽部川の水源となっている。日本海側からは見市川の上流にあるので、見市《けんいち》岳とも呼ばれている。遊楽部岳の他、太《ふと》櫓《ろ》岳・雄鉾《おぼこ》岳など1,000メートル級の山々がそびえ立つ。写真は雪で覆われた厳寒の風景を写し出している。

5　移住民の家屋

明治11年（1878）７月に吉田知行等９名は先発隊として遊楽部に入り、慣れない手つきで土地を切り開いた。雇用した大工によって函館から調達した材木で住宅や板蔵を建築し、第１回の移住民を迎えた。同年11月、家族15戸・72名、単身者10名の計82名が移住した。現在、八雲町役場や八雲小学校などが建ち並ぶ住初《すみぞめ》町の辺りに入植した。写真は移住民の一人、小泉仁三郎の住宅を昭和10年（1935）の夏に撮影したものだが、開拓当初の家屋の状況を知ることができる貴重な１枚である。

6　尾張徳川家開墾地の光景(1)

開拓地は「徳川家開墾試験場」と名付けられ、明治11年（1878）6月に制定した「試験場条例」（9章85款）を規範として事業の運営を図った。この条例には移住の目的、尾張徳川家からの貸与金の使途とその返済方法、移住民の管理・統制等の規定が記されている。移住民が自立し、産業を育成、発展させることを最終目的とするものであった。写真は明治18年頃に開拓当初の様子を撮影したもので、場所は現在の八雲町役場付近である。移住民の家屋が点在しており、右側に写っている建物は板蔵である。板蔵は単なる倉庫ではなく、移住民が必要とする米・味噌・醤油・酒などの生活必需品や農機具・種苗などの生産資材の供給と、繭糸・穀物などの生産物の販売を目的とする施設であった。

7　尾張徳川家開墾地の光景(2)

第２回の移住は明治12年（1879）に行われ、家族14戸・単身者４名が現在の出雲町辺りに入植した。同14年５月の第３回移住では家族14戸・単身者７名を迎えた（入植地は、現在の緑町・三杉町辺り。航空自衛隊八雲駐屯基地周辺)。これにより人口は260余名まで増加し、移住民の住宅建設や道路・橋などの拡張整備が進んだ。極寒の新天地での開拓は困難続きであったが、試行錯誤をしながら農業技術の習得に努めた結果、麻・アワ・キビ・トウモロコシ・野菜などの作付け反別を徐々に増やしていった。作付け反別は明治17年には141町歩余まで増加し、収穫高も上昇した。写真は明治18年（1885）頃に撮影した開拓当初の開墾地の風景である。写真の右側に数人の子供たちが集まっているのが見える。

8 尾張徳川家開墾地の光景(3)

明治18、19年（1885､86）頃の撮影。畑地の周りに移住民の家屋が建ち並んでいるのが見える。明治18年３月、徳川家開墾試験場では最初の移住以来７年間にわたる移住民への直接的な保護を廃止し、一戸あたり一定の面積で開墾地を割り渡して独立自営を促す方針を打ち出した。ただし、共立商社の設立や輪作・牧畜の奨励、備荒貯蓄制度の実施など、移住民の独立自営を促進させるための援助は積極的に行われた。このとき開墾試験場は「徳川家開墾地」となり、同45年３月より「徳川農場」と称された。

9　雪中の大栃の木

八雲開拓の委員を務めていた吉田知行の子、知一の住宅前にあった大栃の木を撮影した写真。知一は明治11年（1878）に父知行とともに移住した。この木について知一は『八雲村創業餘談』のなかで「雪中の撮影　記念之吉田大栃」（大正10年〈1921〉3月付）と題して解説している。それによると、この大栃の木は遊楽部（八雲）に入植した際、最初に目にした巨木で、開墾の際、その枝にテントを吊し、中で湯を沸かすなど、昼食時の休息所として大いに開墾の助けになったという。しかし、老朽によりやむなく伐採することになったので後世に伝えるため撮影したとある。この大栃の木は開拓当初の様子を語るうえで欠かせない感慨深い存在であった。なお、『八雲村創業餘談』は開墾五十周年記念祭を前にした大正13年（1924）に、旧藩士服部正綾の長男正定が開拓当初の状況を後世に伝えるため、移住民たちが認めた記録や画家十倉寒山が描いた開拓の様子を編集した軸装である。

10　徳川家開墾地事務所と八雲小学校

明治19年（1886）頃に撮影した徳川家開墾地事務所と八雲小学校の写真。同12年7月に移住民子弟の教育機関が設立され、「八雲学校」と名付けられた。このとき入学した生徒は30名で8月18日から授業を開始した。用地は徳川家開墾地試験場内の土地3,500坪をあて、建築費は全額尾張徳川家が拠出した。同16年4月の規定改正で「八雲小学校」と称することになった。校舎の前に集まった生徒たちの傍らに立っているのが校長の伊藤直太郎である。伊藤は八雲学校の卒業生で、同19年6月から28年余にわたって第三代校長を務めた。

11 開拓の風景を偲ぶ

写真は昭和初期の八雲の風景を撮影したもの。広々とした草原の中に家屋が見え、開拓時の面影を残している。開拓地「八雲」の名は、慶勝が豊かで平和な理想郷の建設を願い、須佐之男命（素盞鳴尊、スサノオノミコト）が詠んだとされる「八雲立つ　出雲八重垣　妻籠みに　八重垣作る　その八重垣を」という古歌からとって名付けた。明治12年（1879）３月に一村の独立を開拓使に出願し、同14年７月８日、徳川家開墾試験場、および山越内村《やまこしないむら》の枝郷であった遊楽部と黒岩を合わせて「八雲村」が誕生した。大正８年（1919）には待望の町制施行をみるに至った。

開拓に尽力した人々

12　吉田知行

天保14年（1843）12月27日に誕生。尾張徳川家の家臣として御馬廻組、御小納戸、御小性頭等を歴任。幕末維新という激動の時代のなか、慶応４年（1868)、側用人・軍事懸の要職についた。維新後の明治10年（1877）７月、慶勝の命で北海道の開拓地を調査し、遊楽部《ユーラップ》（八雲）を最適地として報告した。翌年移住して家扶《かふ》・開墾委員として八雲開拓の基盤を築いた。その後愛知県長久手に戻り、明治39年（1906）長久手村初代村長となるが、晩年病身をおして再び八雲に行き、大正２年（1913）５月22日に71歳で死去した。昭和３年（1928）の開墾五十周年記念祭で「開墾功労者」として表彰された。

13　片桐助作

嘉永４年（1851）５月27日に誕生。明治10年（1877）７月、吉田知行・角田弘業とともに開拓地を調査した。遊楽部（八雲）を開拓地とするにあたり、函館に留まり、住宅や板蔵の建設に奔走した。同17年10月、開墾委員で家令《かれい》の海部昻蔵が十八代当主徳川義禮《よしあきら》のロンドン留学に随行するため東京に戻ると、後任の委員として八雲に赴いた。翌年３月から徳川家開墾試験場における移住民への直接的な保護を廃止し、共立商社の設立や輪作・牧畜の奨励などを促進して、独立自営を促す大改革を断行した。昭和３年（1928）の開墾五十周年記念祭で「開墾功労者」として表彰された。

14 角田弘業

天保５年（1834）11月24日に誕生。尾張徳川家の家臣として御馬廻組、留書頭などを歴任し、明治維新後は東方総管参謀を務めた。明治10年（1877）７月、吉田知行・片桐助作とともに遊楽部（八雲）を調査し、翌年に弟の弟彦《おとひこ》とともに移住して開墾委員として八雲開拓の基盤を築いた。同45年４月21日に79歳で死去。昭和３年（1928）の開墾五十周年記念祭で「開墾功労者」として表彰された。

15 佐治為泰

天保12年（1841）６月６日に誕生。尾張徳川家の家臣として御馬廻組・大番・御小性などを歴任した。慶応４年（1868）の江戸城明け渡しの際には警護にあたる。北越戦争にも従軍した。廃藩置県後、尾張国愛知郡藤成《ふじなり》村（現・名古屋市昭和区）に帰田するが、明治11年（1878）７月、第１回の移住民として遊楽部（八雲）に入植し、幼年の移住民への養育、教導に従事した。同32年８月に死去するが、昭和３年（1928）の開墾五十周年記念祭で「開墾功労者」として表彰された。

16 吉田知一

文久２年（1862）11月27日に尾張徳川家の家扶で開墾委員の吉田知行の長男として誕生。明治11年（1878）７月、第１回の移住民として遊楽部（八雲）に入植した。開墾地総代・八雲村総代・山越郡総代などを務め、開拓の指導、監督にあたった。畜牛の改良に尽力し、酪農業の発展に寄与した。昭和３年（1928）の開墾五十周年記念祭で「開墾功労者」として表彰された。

17 鷲之巣耕舎（青年舎）

官立の七重《ななえ》勧業試験場（現・北海道亀田郡七飯町）で西洋式農業の技術を習得した移住民の子弟や単身移住民は、明治15年（1882）３月に共同経営農場を創設し、「鷲之巣耕舎」と名付けた。開墾委員の片桐助作は次世代の農業の担い手を育成するため、12歳から16歳の移住民の子弟を募集し、「幼年舎」で教育を受けさせた。また、農家の手伝いや牛馬の飼育、牧牛舎への派遣を行った。彼らが成長すると、同23年に「青年舎」と改称して鷲之巣に移転した。写真は同24年頃に撮影された「鷲之巣耕舎」である。ここで育った若者を将来の指導者とするため、札幌農学校農芸伝習科（現在の北海道大学農学部）に遊学させたり、鷲之巣で土地を与えて自立経営をさせた。この経験により、八雲で中心的な役割を果たす人物が数多く輩出された。

18　大島　鍛《きとう》

明治４年（1871）10月５日に名古屋の矢場町《やばちょう》（現・名古屋市中区）で誕生。同19年、16歳のときに八雲村に移住して幼年舎で教育を受けた。翌年に札幌農学校農芸伝習科第１期生として入学した。卒業後八雲に戻り、同24年より青年舎監督を務めた。同26年に大野農場の管理人となり、山林事業に尽力した。十九代当主徳川義親の信頼が厚く、同45年４月、初代の徳川農場長に就任した。その後、八雲村会議員・同町会議員を務め、辞任後は山越郡産牛馬畜産組合長・渡島畜産組合副長・八雲町農会長などを歴任した。昭和３年（1928）の開墾五十周年記念祭で「農事功労者」として表彰された。同９年11月21日、64歳で死去。

19　小川乙蔵

明治８年（1875）３月９日、名古屋の東新町《ひがししんちょう》（現・名古屋市東区）で誕生。同21年５月、第３回幼年者募集で八雲村に移住した。同28年、尾張徳川家より鷲之巣の土地10町歩の割り当てを受け、独立して農業経営に専念した。同32年、大野農場の看守人を拝命し、山林事業に尽力した。大正３年（1914）には遊楽部川鮭魚蕃殖組合理事となり、水産事業にも貢献した。昭和３年（1928）の開墾五十周年記念祭では「林業功労者」として表彰された。同11年６月には八雲町助役に就任した。同29年９月１日に79歳で死去。

20　八雲開拓で活躍した若者たち

官立の七重《ななえ》勧業試験場で最新の農業技術を習得した移住民の子弟や独身青年は、鷲之巣耕牛舎（青年舎。写真17）において大型の西洋農機具による開墾や牛馬の飼養に尽力した。彼らは「器械方」とも称された。写真は鷲之巣耕牛舎（青年舎）前で撮影したものである。１列目左から岡野初太郎・井上文治・平川鍋三郎・西村梅六・都築田鶴松、２列目左から石川鍬吉・川口良武・飯沼守彦・小菅柳三郎・幡野弘道で、明治11年（1878）から同15年にかけて移住した若者たちである。

21　川口良昌

明治６年（1873）11月、名古屋の東《ひがし》白壁《しらかべ》町《ちょう》（現・名古屋市東区）で誕生。同14年、八雲村に移住した。同26年から馬鈴薯澱粉《でんぷん》製造の事業に着手し、「川口式でんぷん製造器」を開発したことにより、飛躍的に製造量を増加させることに成功した。八雲片栗粉組合長を務めた。昭和３年（1928）の開墾五十周年記念祭では「澱粉功労者」として表彰された。

22　梅村多十郎

明治５年（1872）２月９日、春日井郡和《か》爾《に》良《ら》（現・愛知県春日井市）で誕生。明治25年（1892）、八雲村砂《さ》蘭《らん》部《べ》に移住して農業に従事した。その後製粉合資会社や八雲倉庫合資会社を興して澱粉製造や菓子製造業などを営んで財を成した。八雲中学校の建築費を寄附したことから、昭和３年（1928）の開墾五十周年記念祭では「中学校建設功労者」として表彰された。

23　梅村多十郎邸

写真は昭和３年（1928）の「開墾五十年祭記念写真帳」に納められている１枚。梅村多十郎は明治45年（大正元・1912）に八雲市街地に移住し、洋館と蔵、離れを建築した。昭和５年（1930）頃には造園師中松太郎によって近隣の樹木や石を利用した池泉回遊式の庭園が造成された。現在は梅村庭園・梅雲亭として八雲町民の憩いの空間となっている。蔵や離れは当時のままで、新たに建てられた部分も旧梅村家の欄間や座敷飾りが使用されている。庭園には桜・紅葉・ツツジ・アカマツなどの樹木が植えられ、四季折々の景観を楽しむことができる。

24　開拓移住民集合写真

明治44年（1911）８月、開墾三十年祭のときに八雲を訪れた徳川義恕《よしくみ》を囲んで撮影したもの。義恕は尾張徳川家の分家の当主で慶勝の十一男。開拓当初から八雲に貢献した70歳以上の移住民が一同に揃った貴重な写真である。１列目の中央に座っているのが徳川義恕でその左側が岡野頼、右端は森富崇（写真48）である。２列目の右から２番目に角田弘業の弟である弟彦の姿も確認できる。

慶勝が描いた理想郷

25 畜牛放牧場

旧徳川家開墾地事務所前の敷地で飼っていた多数の畜牛と牛飼いが写っている。明治19年（1886）頃の撮影。八雲では西洋式農法を推進するため、開拓当初から牛馬の飼育・繁殖を積極的に行っていた。同18年に開墾試験場における移住民への直接的な保護を停止したことにともない、同21年に開墾地事務所は廃止された。翌年開墾地郷約を定め、自主自営の基盤が作られた。

26　常丹牧場(1)

八雲での開拓は、開拓使が設立した七重《ななえ》勧業試験場から西洋農機具の使用、牛馬の飼育方法、種苗の栽培法などの技術指導や援助を受けながら進められた。明治14年（1881）には開墾委員の吉田知行を社長とする株式会社野田追《のだおい》牧牛舎を設立して酪農業を念頭においた事業が開始された。しかし、同28年の大降雪で飼料が不足し、多くの牛が死亡したため、翌年に解散した。そこで、土地・建物、畜牛の全てを徳川家開墾地が買収し、同30年に常丹《とこたん》（現・八雲町熱田）へ施設を移して新たな牧場を開設した。写真は明治36年頃に撮影した常丹牧場の牛舎と畜牛である。

27　常丹牧場(2)

写真26とは別の角度から常丹牧場を写している。同じく明治36年（1903）頃の撮影。馬の飼養も行われていたことがわかる。

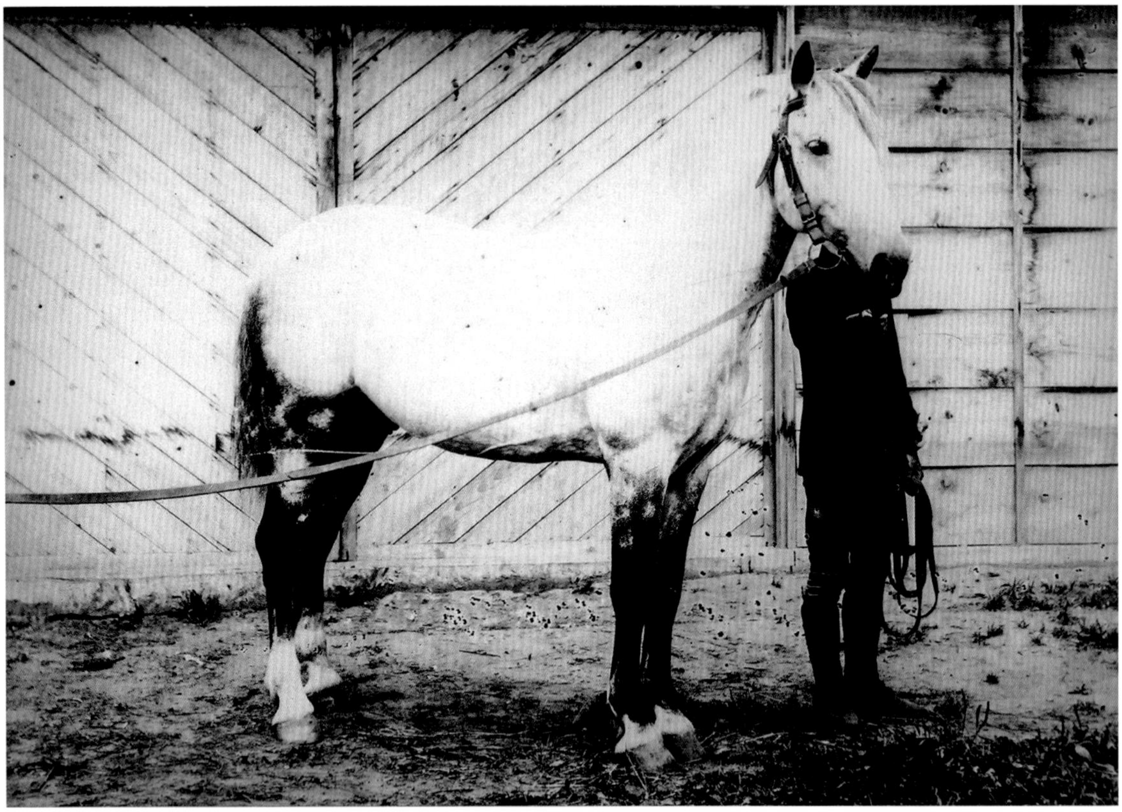

28　碧天号

徳川家開墾試験場における馬の飼養は、開拓当初の明治11年（1878）から行われ、同15年には鷲之巣耕舎で耕馬耕牛牧場が設置されるなど、主に農耕用としての改良が進められた。明治中期以降、農家戸数の増加とともに馬鈴薯の栽培や澱粉《でんぷん》の製造がさかんになると耕地が拡大し、農耕馬の需要がより一層多くなった。写真の馬は「碧天号」と名付けれた種牡馬。明治35年頃の撮影。

29　八雲競馬会の風景(1)

明治末期になると農耕用の馬の改良とともに競走馬の飼養もさかんになり、競馬会が開催された。写真は競馬会に集まった観衆の近景である。多くの人々で賑わった沿道の様子がうかがえる。明治26年（1893）頃の撮影。

30 八雲競馬会の風景(2)

写真29と同様、競馬会に集まった観衆をとらえた写真。明治26年（1893）頃の撮影。写真の奥には物見台が見える。

〈1〉

31　八雲競馬場（連続写真）

明治44年（1911）７月、開墾三十年祭の時に八雲競馬会は徳川家開墾地から用地４町３反歩の無償譲渡を受けて競馬場を設置した。写真は同年に撮影された八雲競馬場の連続写真。これを契機に東京・横浜の競馬クラブに進出したり、函館で行われた競馬で優勝することもあった。昭和15年（1940）に閉鎖し、戦後に町立八雲病院（現・八雲総合病院）等の敷地に転用された。

〈2〉

32　大野農場事務所

大野農場は官立七重勧業試験場の付属施設である大野養蚕場を明治19年（1886）から尾張徳川家が借用し、同21年以降に払い下げを受けたものである。函館の近くに位置し、大野農業高校の前身地にあたる。当初は養蚕の継続を図っていたが、同30年から山林事業を推進した。写真は同32年頃に撮影された大野農場事務所や家屋で、幼児を連れた家族や馬などが写っている。

33　大野農場の山林

農場と称しているが、大野農場は250町歩のうち約220町歩が林業地で、八雲山林・野田生《のだおい》山林とともに尾張徳川家による山林事業の主要な基盤であった。カラマツ・スギなど針葉樹の植林を実施していた。大正４年（1915）以降は第一次世界大戦の影響による木材価格高騰のなか、これまで育成した針葉樹の積極的な伐採によって大きな利益を得た。写真は大野山林の状況を撮影したもので、林道を挟んで左側がカラマツ、右側がスギである。昭和３年（1928）の「開墾五十年祭記念写真帳」に納められている１枚。

34　大野農場の杉林

大野農場の山林経営は、開拓移住民の子弟を育成した幼年舎・青年舎の出身者である大島鍛《きとう》や小川乙蔵（写真18・19）などが看守人になって支えられた。写真は大正５年（1916）の冬に撮影されたもので、樹齢60年以上に及ぶ杉林がそびえたっている。左側に立っているのが、定雇として大野山林を管理していた鈴木増太郎である。増太郎は昭和３年（1928）の開墾五十周年記念祭で「林業功労者」として表彰された。

35　馬鈴薯畑と澱粉製造工場

馬鈴薯は開拓当初の明治11年（1878）に徳川家開墾試験場において七重勧業試験場からアーリーローズ種８俵の援助を受けて作付けを実施した。八雲の気候風土に適していたため、その作付面積は急激に増加し、同34年には総作付面積の30％にもおよんだ。馬鈴薯を原料とする澱粉《でんぷん》製造は、同14年から行われ、同25年に吉田知一（写真16）や小川助次郎等が水車を原動力とする製造を開始し、製造効率を高めていった。翌26年から事業に着手した川口良昌（写真21）が製造工程を改善し、「川口式でんぷん製造器」を完成させると、飛躍的に製造量が増加し、「八雲片栗粉」として有名な特産品となった。写真は川口良昌の澱粉製造工場とその前に広がる馬鈴薯畑である。

36　馬鈴薯試作場

大正期に入って澱粉事業に陰りが見え始めると、種子用馬鈴薯の栽培とその品種改良に取り組んだ。十九代当主徳川義親《よしちか》の助言もあって、大正４年（1915）に徳川農場事務所が設置した八雲馬鈴薯研究所で試験栽培が行われるとともに、義親が設立した東京の徳川生物学研究所でも品種改良の研究が進められた。写真は馬鈴薯試作場での栽培、収穫の様子を撮影したものである。大正５年７月に撮影。その後種子用馬鈴薯の移出量は増加し、北海道における馬鈴薯の主産地となった。

37　鮭魚採卵場

遊楽部《ユーラップ》川は古くから鮭の捕獲や増殖を通じて八雲の人々と深い関わりをもっていた。明治13年（1880）９月、鮭の乱獲を防止して天然孵化《ふか》の保護を図るため、開拓使は徳川家開墾試験場に鮭の天然種育繁殖の事業を委嘱した。これと並行して同16年より遊楽部川の河口や沖合において毎年３月から６月までと10月から12月までの期間は引き網漁を禁止するなどの鮭を保護する施策がとられた。写真は明治43、44年頃の遊楽部川での鮭漁の様子を撮影したもので、奥に見えるのは採卵場である。

38　立岩鮭魚人工孵化場

遊楽部川沿いの立岩に設置された鮭の人工孵化場の写真。明治34年（1901）に「遊楽部川鮭魚蕃殖組合」が結成され、天然孵化に加えて人工孵化事業を実施することになった。立岩の人工孵化場は河口から６キロほど上流に建設されたが、水温が低く、卵が育たなかったために、同37年に上八雲地域のセイヨウベツ川支流に施設を移転した。

39　常丹ヶ丘から八雲市街を望む

常丹《とこたん》ヶ丘（現・八雲町大新）から八雲市街にむかって撮影した写真。昭和３年（1928）の「開墾五十年祭記念写真帳」に納められている１枚。明治10年（1877）９月、徳川慶勝の命を受けて遊楽部（八雲）を調査した吉田知行や角田弘業はこの丘から当時は手つかずの広大な原野を見渡したといわれている。常丹地域には同21年に移住民たちが眠る墓地がつくられた。墓石は故郷の尾張の方向にむかって建てられている。

〈1〉

40　八雲市街遠景（連続写真）

明治38年（1905）頃に撮影された八雲市街の遠景。2枚の連続写真である。人口の増加にともない、市街に住宅が整然と建ち並んでいる様子が確認できる。

〈2〉

41　八雲村役場

大正元年（1912）頃に撮影された八雲村役場。八雲村での開拓の進展にともない、戸口が増加すると、明治23年（1890）9月に戸長役場庁舎が新設された。同40年7月には現在地に役場庁舎を新築移転した。明治40年当時の人口は10,565人・戸数2,108戸であった。

42　真萩館

徳川家開墾地へは東京から多くの貴賓が訪れたり、徳川義禮《よしあきら》・義親《よしちか》など尾張徳川家の歴代当主が視察に来ていたため、明治21年（1888)、所有地内に迎賓館として真《ま》萩館《はぎかん》を新築した。写真は完成間もない明治22、23年頃の撮影。建物の一部は現在八雲神社の敷地内で保管されている。

〈1〉　〈2〉

43　真萩館前の庭園（パノラマ写真）

真萩館前の庭園を撮影した３枚からなるパノラマ写真。明治末期から大正期にかけて池を掘り、築山を設けるなど池泉回遊式の庭園に整備された。大正４年（1915）４月に八雲開拓に従事した旧藩士の有志によって創立された「和《わ》合会《ごうかい》」と徳川義親をはじめ歴代の尾張徳川家当主との交流の場ともなった。写真は大正10年に北白川宮成久王殿下が徳川農場に来場したときに撮影された。

〈3〉

〈43—1〉

〈43—2〉

〈43—3〉

44 雪の八雲本町通り

八雲の中心地である本町通りを撮影。大正期から昭和初期にかけての風景だと思われる。雪が積もるなか、通りを行き交う人々が見える。元々は尾張徳川家（徳川農場）の所有地であったが、市街地のインフラ整備を重視した徳川家が譲渡した。様々な商店が並ぶ活気のある場所で、現在も八雲市街のメインストリートである。

〈1〉

〈2〉

45　八雲市街・停車場前（パノラマ写真）

大正８年（1919）頃の八雲市街と停車場を撮影した３枚からなるパノラマ写真。明治19年（1886）頃から開拓事業の一環として鉄道の敷設が計画されたがなかなか実現しなかった。同32年10月に函樽鉄道株式会社（翌年より北海道鉄道株式会社）が設立され、同37年10月、ついに函館・小樽間全長255.9キロ余りが開通した。

〈3〉

〈45—1〉

〈45—2〉

〈45—3〉

46　徳川慶勝御霊社（八雲神社）

移住民は尾張徳川家歴代の神霊とともに熱田《あつた》神宮の神符を板蔵に祀り、故郷尾張との精神的な結びつきの拠り所としていた。これが八雲神社の起源である。明治17年（1884）12月に神殿が新築され、同19年に八雲神社を創立した。翌年には全国で唯一の熱田神宮の分社となった。同26年に移住民が慶勝を「守護神」として祀ることを願い出ると（慶勝は同16年８月１日に死去）、御霊代が八雲神社に鎮座した。

47　徳川慶勝御霊社

徳川慶勝御霊社の社殿前で行われた神事の様子を撮影した写真。大正元年（1912）頃の撮影。昭和９年（1934）５月には八雲開拓の始祖と仰ぐ徳川慶勝命《とくがわよしかつのみこと》を合祀した。

48　八雲神社宮司　森富崇

明治12年（1879）に移住し、のちに八雲神社の初代宮司となった。社堂の前で大正７年（1918）に撮影した写真で、このとき81歳である。

49　八雲神社祭礼(1)

明治35年（1902）に行われた八雲神社大祭の様子を撮影した写真。沿道に多くの人々が参集して賑わいを見せている。

50　八雲神社祭礼(2)

明治44年（1911）８月に行われた八雲神社祭礼の写真。現在も慶勝の命日である８月１日には毎年八雲神社で祭祀が行われている。

51　八雲開拓碑

この開拓記念碑は現在、八雲町役場の敷地内に建っており、「我八雲はこの所より開かる」と記されている。石碑の下部には建立に関わった和合会会員の名が刻まれている。和合会は尾張徳川家の旧藩士で、八雲開拓に尽力した人々やその子孫の有志によって創立された。

エピローグ

激動の時代を乗り越えて

東京に移住した徳川慶勝《よしかつ》は、明治天皇のもとへ定期的に参内し、国事の諮問を受ける麝香《じやこう》之《の》間《ま》祗候《しこう》に列した。明治新政府誕生の一端を担った功労者として高い評価を受けていた慶勝であったが、気がかりだったのは、袂を分かち、朝敵として戊辰戦争を戦い、降伏後、謹慎生活を送っていた実弟松平容保《かたもり》・定敬《さだあき》の行く末であった。慶勝に代わって二人の助命嘆願に奔走していた、もう一人の弟一橋茂栄《もちはる》（茂徳《もちなが》）は、謹慎中の容保・定敬の様子を随時慶勝に伝えていた。容保と定敬が赦免されたのは明治５年（1872）１月のことであった。

明治９年、慶勝は徳川将軍家・御三家・御三卿《ごさんきよう》、および各分家といった旧徳川一門家で構成された第二部華族の宗族長《そうぞくちよう》に推されて一門の筆頭となった。また、同10年５月には、有力華族の出資によって設立された第十五国立銀行の発起人の一人として銀行経営にも関わるようになった。この間慶勝は、赦免された容保と定敬の邸宅を訪れる一方、二人の弟をしばしば本所や浅草の自邸に招き、夜遅くまで一緒に過ごすことが多くなった。

こうして再び兄弟の交流がもたれるなか、慶勝にとって生涯忘れることのできない１日が訪れた。父松平義建《よしたつ》の十七回忌で兄弟四人が揃う機会を得ると、四兄弟は、明治11年９月３日、銀座２丁目にあった二見《ふたみ》朝隈《あさま》写真館に出向き、揃って記念撮影を行った。撮影後には慶勝の本所横網町邸で会食をしたことが記録に残されている。このとき、慶勝55歳・茂栄48歳・容保44歳・定敬33歳であった。激動の時代を乗り越えて再会をはたした兄弟の絆の強さを、お互いが再確認する貴重な時間を共有する機会となった。

明治13年９月、慶勝は隠居して、養子の義禮《よしあきら》に家督を譲った。そして、明治16年８月１日、本所横網町邸で60歳の生涯を閉じた。「文公《ぶんこう》」と諡《おくりな》され、墓所は東京・新宿の西光庵《さいこうあん》に設けられた。幕末維新史に名を残し、激動の時代を駆け抜けていった波瀾万丈の生涯であった。

徳川慶勝と兄弟の絆

1　徳川慶勝・徳川茂栄・松平容保・松平定敬

明治11年（1878）9月3日、徳川慶勝は弟の茂栄《もちはる》（茂徳《もちなが》）・容保《かたもり》・定敬《さだあき》を誘って、銀座2丁目10番地にあった二見朝隈《ふたみあさま》写真館に出向き、四人揃って撮影を行った。「高須四兄弟」と称された四人が揃うきっかけとなったのは同年8月に行われた実父松平義建《よしたつ》の十七回忌であったと考えられる。右から洋装の慶勝・茂栄・容保・定敬が写されている。このとき、慶勝55歳・茂栄48歳・容保44歳・定敬33歳である。撮影後に慶勝の住まいである本所横網町邸で会食をしたことや撮影代は四人で出し合ったことなどが記録として残されている。かつて敵味方に別れた四兄弟が再会を果たした記念すべき1枚で、激動の時代を乗り越えた兄弟の絆の強さを感じさせる貴重な写真である。

2　徳川慶勝

慶勝は、明治２年（1869）に議定《ぎじょう》職を免じられ、新たに明治天皇への政治諮問を行う麝香《じゃこう》之《の》間《ま》祗候《しこう》を命じられた。明治天皇からの信頼が厚く、同年９月に王政復古以降皇室に尽力してきた功績により従一位に叙せられた。同13年９月に隠居して、家督を養嗣子の義禮《よしあきら》（高松松平家当主・松平頼聰《よりとし》の二男）に譲った。同14年７月に勲二等旭日重光章を下賜され、同16年７月には北海道八雲での開拓事業が評価されて藍綬褒章を授与された。明治16年８月１日、本所横網町邸において死去。享年60。明治天皇は同12年に、新政府の樹立や日本の近代化に尽力した群臣の写真撮影を命じ、宮内省主導のもと、皇族や諸官省の高等官等4,531名を納めた「人物写真帖」が製作された。この慶勝の写真は「人物写真帖」に掲載するため、作業を担当した大蔵省印刷局が撮影したうちの１枚と思われる。

3　徳川茂栄

茂栄（茂徳から改名）は慶応２年（1866)、一橋慶喜《よしのぶ》が十五代将軍となったことで、一橋家十代当主となった。徳川家の最高責任者として江戸城明け渡しを遂行し、戊辰戦争終結時は、朝敵となった弟の松平容保・定敬の助命嘆願に尽力した。明治14年(1881)、慶勝に代わって徳川家の宗族長となった。明治17年３月６日に死去。享年54。

4　松平容保

慶応４年（1868）の鳥羽・伏見での敗戦以降、明治新政府に恭順の意志を示したものの受け入れられず、会津若松城に籠城して新政府軍と壮絶な戦いを行った。同年９月に降伏して謹慎生活を送った。会津松平家は明治２年（1869）に再興を許され、容保の子容大《かたはる》が陸奥国斗南藩主となった。容保は同５年１月に赦免され、同13年２月より日光東照宮の宮司を務めた。明治26年12月５日に死去。享年59。

5　松平定敬

容保と同様、朝敵とされた定敬は、鳥羽・伏見での敗戦後、江戸から会津・箱館へと転戦した。明治２年（1869）に箱館の五稜郭陥落前に脱出して横浜に戻り、新政府に出頭すると尾張徳川家の江戸市谷上屋敷に預けられ、謹慎生活を送ることになった。このとき名古屋滞在中であった兄慶勝は、謹慎中の定敬の安否が気がかりであったため、茂栄が慶勝に対して、定敬の様子を知らせていたことがうかがえる書簡が残されている。定敬は同５年１月に赦免され、同27年１月より、亡くなった容保に代わって日光東照宮の宮司を務めた。明治41年７月21日に死去。享年63。

翻刻史料

徳川慶勝の写真研究書

凡　例

1　史料には、適宜読点（、）と並列点（・）を付した。
2　漢字は、原則として常用漢字を使用した。
3　変体仮名は、原則として現行の表記に改めた。ただし、慣用助詞の者（は）、江（え）、而（て）、与（と）、は小字を使用して下付に記した。
4　合字は、ゟ（より）のみを残して、この他は現行表記に改めた。
5　重字については、々（漢字）、ゝ（平仮名）、ヽ（カタカナ）を使用した。
6　史料中の誤字・脱字は、原則としてそのまま表記したが、傍に（　）に注記、または（ママ）を付けた箇所もある。
7　原文中の行間の補記は、原則として本文中に入れた。
8　判読不能箇所については、字数分を□□□で示した。
9　表紙・中表紙・題箋・付箋・貼紙については、その箇所を「　」で囲み、傍に（表紙）等と表記した。
10　原文の割注箇所は、原則としてそのまま表記した。
11　史料の一部については、組版の都合上、体裁を改めた箇所もある。
12　史料の形態は縦書きであるが、本書の構成の都合上、横書きにあらためて翻刻した。

徳川慶勝が遺した自筆の写真研究ノート

我が国に写真技術がもたらされたのは、嘉永元年（1848）のことで、当初は銀板写真（ダゲレオタイプ）が伝わり、その後、安政期に入ると、湿板写真（アンブロタイプ）が導入された。こうした技術は、開国以降、西欧の科学技術に高い関心を示していた雄藩大名を中心とした写真研究によって進展し、そのとき撮影された写真は、現在、貴重な歴史的遺産となっている。

尾張徳川家では、文久年間（1861-64）に十四代当主（のちに再び家督相続して十七代当主）徳川慶勝《よしかつ》のもとで当時主流であったコロジオン湿板方式の写真研究が本格化した。コロジオン湿板方式とは、コロジオンという溶液を塗布したガラス板を硝酸銀に浸して感光性を与え、濡れているうちにカメラに装着して撮影し、現像するという技法である。慶勝は自ら研究・実験を行うとともに、御小性・御小納戸を中心とした側近層や洋学者・医者などを動員し、写真研究書・技術書の翻訳や撮影・現像に必要な知識として、化学・物理学の研究を推進した。

そこで、幕末維新期における写真研究の様相を解明していく一助として、徳川林政史研究所が所蔵している慶勝直筆の写真研究書・技術書のうち、２点を翻刻して収録した。大名自身が写真研究に深く関与し、自筆で当時の研究記録を詳細に残していることから、黎明期の我が国の写真技術を知るうえで大変価値のある史料と位置づけることができる。

史料１「真写影鏡秘伝（諸品新聞書）」（旧蓬左文庫所蔵史料・126-225）は、「写真法」の項目から始まり、アルコール・コロジオン・銀液・ヨシウムなど、薬品の製造法が詳述されている。薬品の成分や調合に関する切紙は随所に貼り付けられている。続いて、「紙之法」、「諸品銀焼付之法」といった焼付の技法が記されている。また、撮影に必要なレンズの寸法を原寸大で示した雛形や「微細映画鏡図」などが図示されており、撮影技術に関する記述も豊富である。

さらに、「長崎ニテ」、「大垣伝金液法」、「彦馬法」、「横浜口金液法」といった項目があり、当時の写真技術の最先端の情報を得ていたことが確認できる。長崎では、安政初年に湿板写真の技法が伝えられたが、慶勝はその写真技術とともに、当時第一線で活躍していた職業写真家である上野彦馬の薬品調合法の情報も得ていたことがわかる。また、側近の御小納戸・戸田五郎兵衛を通じて、長崎に遊学していた福井藩士で洋学者の瓜生三寅に、ガラス原板写真の調査を依頼していたことを示す書簡が貼り付けられており、写真研究を行っていた他の大名家との情報交換の実態をうかがうことができる。

史料２「旧習一新記」（旧蓬左文庫所蔵史料・126-226）は、「陰像之薬」、「陽像之薬」などの項目で構成され、薬品の調合法を記録したものである。なかには紙面に薬品がこぼれたと思われる形跡が残っている箇所があることから、この史料は、慶勝および、その側近・洋学者で組織された写真研究プロジェクトチームが繰り返し実験を行いながら書き留めたものと考えられる。また、「御庭光景」と題して、「北園植木室有処」、「新御殿厩矢根ケ」といった記載もあり、名古屋城の二之丸御庭や新御殿などを撮影する際の薬品の調合の記録であることがわかる。奥書には、「文久二壬戌秋八月十八日」とあり、この時期から慶勝の写真研究が本格化していったことが確認できる。「旧習一新」とあるように、従来の技術よりも高水準の写真撮影を目指していた慶勝の探求心がうかがえて大変興味深い記録といえよう。

史料1　真写影鏡秘伝（諸品新聞書）

（旧蓬左文庫所蔵史料・126—225）

(表紙)
「

(外題)
真写影鏡秘伝

(題箋)
諸品新聞（書）　　　　」

(内題)
「諸品新聞書」

写真法

アルコール

第一玉盤ヲ琢磨ス、焼酎ニテアルコールヲモンハニテ用ヱ

コロ、シヲン　合薬如左

ヨシウム　四文目　　アーテル　十六ヲンス

アルコール　十六ヲンス　　シキイトカツウン　二匁七分二厘

十六ヲンスハ百二十八匁ノコト

アーテル　四ヲンス

アルコール　四ヲンス

ヨシウム　一匁

フラントカツウン　一匁

ヨシウム

十六ヲンスノ節八文目　　一ヲンスニ付八匁

是迄ヨシウム曽達ヲ用ヱ

蘭名ノ方蘭字ソータニテ、三伯書ハホツタースト認誤也、ホツタースヨシウムハ無益

ホツタースハ草木ノ灰　曹達ハ海草也

アンモニヤハ　鹿角用ヱ

カトミーム　　フロミーム　　赤塩ニ而製

カンシ早ク波打来迄移ルトイウ、カトミーム之方

タシカニ出来ルヨシ

銀液

水十六ヲンスハ百二十八文目　　硝酸　十匁七分六厘

右蒸溜水之中江銀ヲ入振盪、別ニ少許ノ水ヲ以イオシヱムホタース（但是ハ三伯蘭字読違、イオシームソータノ方）溶、其中江入、紙ニテ漉、晴処ニ貯フ製法有、次ニモ述

ソツフルアイロン

アイロン　八匁　　酢酸　一ヲンス

アルコール　一ヲンス　　水　七ヲンス

ハタシーム

ハーテル　十六ヲンスニ　　ハタシーム　八匁

ハーテル　一ヲンスニ　　ハタシーム　五分

コロ、シヲン

先アーテルアルコールヲ交テ一両日ヲキ、フラントカツウンヲ入ヘシ、忽消散、一両日過ヨシウムヲ入ヘシ、六十時ノ間閉口ス

綿火薬製法

フラントカツウム夏法　　緑礬油　十銭

硝石　五銭

右四五時親和シ置、一綿一銭五分計、右薬剤中江入、攪和シテ一時浸入置

其後蒸露水ニテ紙面モ洗、木綿布ニテ水気銭トリ、而テ影干ニス

同冬法

緑礬油　十銭　　硝石精　四銭　　硝石　一銭

親和之度ハ夏ニ同、

綿二銭計ヲ右薬剤之中江入、攪和シテ一時ニ秒浸入置、

右瀑方夏法ニ同、夏冬トモ綿潔白ナルヲ度トス

エルニス

アルコール　　コハク　　石脳油

次亜跣酸曹達

次亜跣酸曹達ニテハ紙写真ノ洗ニハ宜、ア跣酸且跣酸ニテハ無益、次亜跣酸ハ墨入トイウ

目鏡《ホトカラヒー》　　両眼

厚二分

(貼紙)

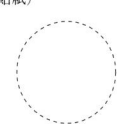

同

小鏡

(貼紙)

中一寸九分　　一分入

外二寸一分

(貼紙)

(貼紙)

厚二寸五厘

厚三寸

中鏡　　一通謂大写真

内中厚一分　　内外厚二分五厘

(貼紙)

(貼紙)

大鏡

三寸五分外

（貼紙）

内三寸七分　　（貼紙）

蓋四寸七分

（貼紙）
「今度御取入之御目鏡

大

内弐寸七分

外三寸五分

小

弐寸　」

コロ、シヲン江入薬ウレーム銀長持ノ法

紙之法

一、コロ、アンモニトム　則礑砂　◯ヘルニスノ内

ニカワ　上品

ワーテル

二、銀液陰像ノ銀同

三、カルロイシエス　但除味ナケレハ遣カラシヲ浸用心スヘシ

四、塩水

五、金液

六、塩水

七、次亜流酸曹達ハ墨入ヨシ

八、エルニス　ア跣酸 跣酸ハ　難問合

九、丁子油止薬

（貼紙）

「一、玉子　アヒル	一
二、銀	二
三、晒	三
四、水	四、水
五、金	五、二亜
六、水	六、水
七、二亜	
八、水	金法有末
右黒《コン》之方	右茶之方

一二三四水 五水 、六 アンモニヤ、七水、八二亜、

九水、　帯紅黄　アンモニヤ少許

美黒

一二三四水、五醋酸、六水、七亜硫酸、八水、　醋酸少々

変火法

黒砂糖六匁五分　　妙礬　五文目

煮ツメテ徳利江入テ焼

妙礬ヲコニスル砂糖ヲ交テ煮ツメル、カラヾニ成、夫ニ細末ニシテスヤキノ壺ニテ、始ハヌル火ニテ触焼、追々ニ火ヲ加ヱテ不出ヲ度トス、サマシテ置、直ニ壺江入

改

アラヒヤヘアイロンヲ点スレハルリトナル

曹達江サフサンヲ点スレハ藤色トナル

金液江曹達ヲ入レハ黒色トナル

曹達ゟ金液ニ入レハ桃色ニナル

諸品銀焼付之法

一、トタン

二、銅

三、木ハシ

四、消酸銀

五、釣銅

六、誠火

七、銀液

八、ハタシーム

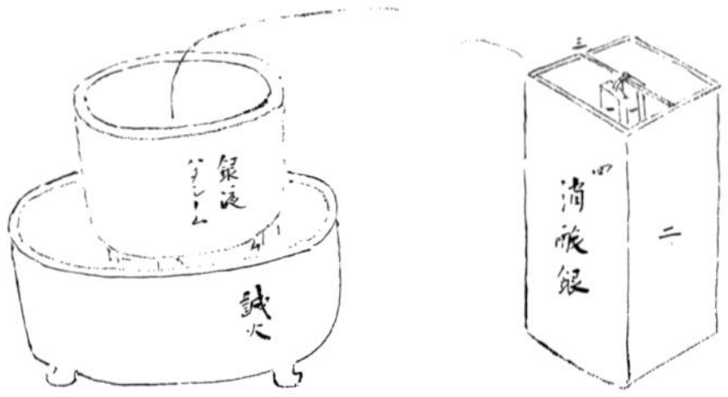

銀液製法

消酸銀◯上品ノ銀ヲ製スルニハ先銀ヲ消散ニ溶シ、青色ヲ帯モノハ此ニ蒸溜水ト食塩ヲ加スレハ、尽ク乳白色ノ液トナル、二三度モ上清ノ水ヲ傾ケ去リ、少シモ青色ナキニ至テ底ニ沈シモノヲ

銀吹キ称

スルモノ

素焼ノ壺ニ入、溶スレハ上好ノ銀トナル

右銀ヲ少シ温木盤上ニテ木槌ヲ以テ薄ク、紙ノ如ニ致、片ニ切、消酸中ニ入トキハ、白色ノ消酸銀晶ナル

但鉄鏟ヲ以鉄気銀中ニ加ル故ニ、大ニ害ヲ生ス

金液製法

塩酸金法一清製ノ塩酸ニ溶解スベクタケ金ヲ加ヘ入レ、能溶解スルヲ伺テ蒸溜水合スヘシ

但水ノ分量ハ、濃セント欲スルトキハ水ヲ少加ヘ、淡ニセンスルトキハ多量ノ水ヲ加フ

コロ、シヲン江入薬

是ハ遠方持出ノ節ニ銀ヤケル故ニ此

ウレーム

薬ヲコロ、シヲン江入レハ、三時計持写テ帰、鉄江入テ宜、未此薬難得

（貼紙）

「　Alcohor　　アルコール

Aeter	アーテル
Frand katoen	フラントカツウン
Schiet katoen	シキートカツウン
Jodum soda	イオヂウムサータ
Tinktunr	チンキチウル
jojum	イオヂウム
potas	ホツトアス
bramt knnr patas	青酸加里
Hernis	ヘルニス
Collodion	コロヂオン
Netelet oherslerhs Karoisice	子テレットヲフエルヘルヘスワルヲイシース
Osler Znlasler Zunr Sooda	次亜硫酸曹達　」

玉板写抄スルノ彩色ヲ左ニ示ス

其色青色ヲ含タルハ、銀ノ内銅気ヲ含タルヨリ出、サフサン鉄液ニ入サル法也

又

清製銀其色白ナルハ、極清製ヨリ出ル故也、尤サフサンヲアイロンニ不用故也、アイロンヲ用トキサフサンヲ用ヱレハ、其色頗些黄ヲ含テ美色トス

又

其色茶褐色ヲ含タル法ハ、尤清製銀ニテハタシームノ後、カルロイシヱスヲ流行スレハ、茶褐ヲ含テ奇妙也

陽像薬

不行法

エルニス	瑚珀	
	アルコール	
	石脳油	
コロ、シヲン	アーテル	一ヲンス
	アルコール	一ヲンス
	フラントカツウン	
	カトミーム	
銀	清製	
カルロイシヱス		
水		
金		
水		
次亜疏酸曹達	一ヲンスニ付テ五分	
エルニス		
丁子油		

陰像

アルコール	コロ、シヲン	銀
鉄液	ハタシーム	ヘルニス

長崎ニテ

ヨートホトアス	ヨシウムホツタース
フヱルニス	エルニス
カラナールシヱール	カルロイシヱス
スウ□□ルシヱールソータ	アイロン
アセインシヱール	サフサン
アルヒユムパツヒール	紙五枚直ニ間ニ合
ホストハツヒール	紙二状
コロシヲン	コロ、シヲン
シキートカツヲン	フラントカツウン
ヱートル	アーテル
ラーヒスインフリナーリス	チテレツトー
ホロールホルム	アーテル《極上》
スワーフルシユールソータ	次亜流酸曹達
シヤンホツトアス	ホツタース
ホロールゴード	金
ズワーフルシヱールヱースル	アイロン
ヨートカトミユム	同
ヨードアンモニヤク	アンモニヤ

二十分時	一分五迄
二時ハ	二分
百微屈ハ	十文目
二百微屈	二十メ

黒	二十分時間	一分二分トカソヘ
茶	半時	

金液

三、コウル	弐割
一、ワートル	八割《三ヲンス》
二、カホ子ツトソータ	少々加ル 一匁三分

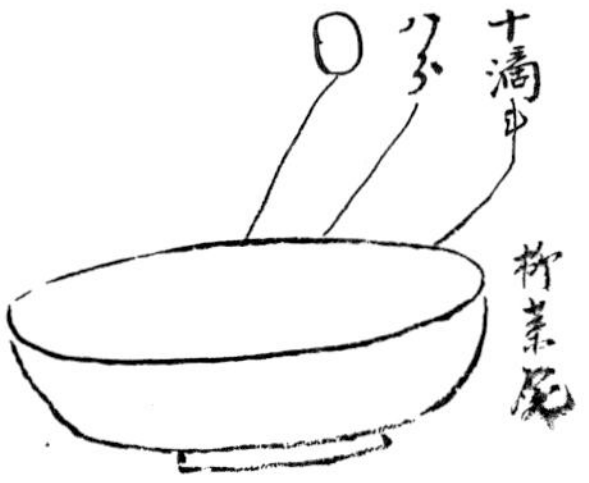

次亜硫酸曹達液ノ代ニ用ヒテ宜

ハイボヲ

ハイツボヲトモ云

陽像ニ用ユ銀液

ワートル	但シ紙ニ塗外一切不可用	百匁
ラーヒス		廿五匁

(貼紙)
「　アヤノ
一、ワーテル　二ヲンスニ付
一、サクサン　目方弐匁三分
一、テツヱキ　同断
一、モツシヨク　少量ヲ加フ　」

金液
水ニヲス　金十滴
同断　曹達壱匁三分

焦　没食　酸
brandiq《ブランヂク》　galnoten《ガルノーテン》　—　znnr《シュール》
為ノ　写真
Foor《ホール》　Photographie《ホドガラヒー》
一オンス
1 ons

一、全硫酸鉄
亜児箇児ニ能溶解シ
青酸加里液ニ滴シテ紺碧色ノ澱ヲ生ス
没食酸液ニ滴〆黒色ヲナス
一、亜硫酸鉄
亜児箇児ニ溶解セス
青酸加里液ニ滴〆白色ノ澱ヲナス
没食酸液ニ滴〆茶色ヲナス

(貼紙)
「　薬順
水
鉄
硫酸　下之通
亜爾箇爾　」

全硫酸鉄液之法
一、一　硫酸鉄《サルマルチス》　五十微屈　十三匁三分四リ
四、一　硫酸　十滴
三、一　水　五百微屈　百三十三匁四分
二、一　アルコール　八微屈　二匁壱分三リ
没食酸ニ合〆
右ヲ陽画ニ用レハ黒色ヲナス

(貼紙)
「
鉄液　サルマルチス　拾銭
セイテカツシリ　五銭
アルコール　三銭五分
ワートル　百目

没食酸　カルイトシュール　六銭
セイテカツシリ　三銭
アルコール　弐銭
ワートル　百目　」

カラスノ法

鉄　十《八匁》　三匁三分四厘
錯酸　一ヲンス
アルコール　二匁一分三リ
水　七ヲンス
硫酸　十滴

ガラスウツシノ伝
前ノソワフルアイロンハ、ズハーフルシユルソウタヲ不用シテ佳也、ハタシーム周洗已前

ホアンガタガラス写
一、醋酸硫酸入
カラス写
一、前鉄ハ　平常之ニテモ用

跣
又　醋酸ナシニ用
跣酸
跣酸入

カラス写
画像黒色ニスルハソータ中ニ醋酸ヲ点ル也、ソータ赭色ニ変タレハ取捨ヘシ
一、卿筒水口ニ当テ洗
ポムプ

画ヲ鏝ニテ温ム

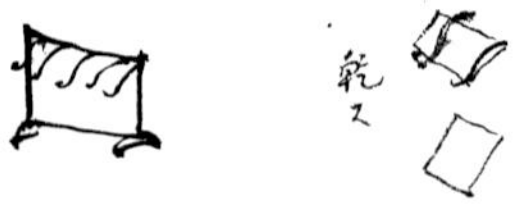

カラス写
鉄《一》　アルコール《二》　跣酸《四》　没食《五》　《五分》　醋酸《三》　黄ニシテアメ色
鉄《一》　アルコール《二》　没食《四》　醋酸《三》　薄紫色
鉄《一》　アルコール《二》　没食ハ《三》　鼠色
鉄　アルコール　醋酸　薄黄
鉄　有銅気ハ　薄アサキ
製清銀ニテハ　白色ニテ不宜

(貼紙)
「朶雲被投不閣拝誦仕候、遂日春色相催候砌、未得拝眉候得共、弥御清適被成御座候由奉遙賀候、然ハ先達而主人義知恩院江罷出候節、　前大納言様江御噺申上候由ニ而、小生義当今於長崎表フォトガラフヒー研究罷在候趣御聞取ニ相成候由、是れ全く御伝聞之御誤歟ト奉察候、小生義ハ為英学修行当地滞在罷在候事ニ御座候得ハ、写真之術ニ至りてハ寸分も承知不仕、且兼而より其志ハ有之候得共、微寸之小生英学スラ未入其室、其余之学術ハ未力及無余義黙止罷在候事ニ御座候、乍去折角之御問合セ殊に遙々之御懇情故、同僚中其術ニ相達候者ニも相質し、英書ニも拠て穿鑿仕差上申候間、篤ト御判断之上、御供用奉願上候、其友人之説ニ当時長崎ニて相用申候ハ、
塩酸金　十五氏《ママ》　蒸餾水　百匁
右硝子瓶中ニ貯フ
炭酸曹達　一分　蒸餾水　百分
是亦瓶中ニ貯フ
右ノ金液六分ト曹達液四分トヲ合シ、二液合セテ一分ホド但シ図数ニ由ル図面ヲ此中

ニ入ルレバ其像忽チ黒色トナル、之ヲ単味ノ曹達液ニテ洗ヒ、
清水ヲ以テ洗濯シ、后チ二十四時間水中ニ留ム

「ロベルトフント」人名所著之撮影新書ト申ス英書中ニ、
図面ヲ留ムルニ「タルボット」氏ハ食塩ヲ以テシ、或ハ青酸ポットアス」ヲ用ユト雖トモ、食塩ヲ用ユル者ハ、図面白色ノ部日ヲ径ルニ随フテ青色ニ変シ、青酸ポットアス」ヲ以テスル者ハ、其像遂ニ亡失ス、唯タ留薬ト〆最上ノ品ハ亜流酸曹達ノミナリ、是レ「ジョンヘルセル」君ノ発明スル所ナリ、用法種々アリ、其一ヲ挙ク、先ツ清水ヲ以テ図面ヲ能ク洗ヒ、紙中ニ浸入セザル硝酸銀ヲ脱シ、一枚ツヽ、亜硫酸曹達水中ニ亜硫酸ソーダ」三オンス清水凡ソ三十オンス泡沫ノ生ゼザルヤウニ浸入シ、黄色去テ紙色雪白トナリ、其像漆黒トナルニ至リ、取出シテ金液中ニ塩酸金十五ゲレイン、蒸餾水三十オンス、置クトキハ、其色天鵞絨ノ如シ、而〆后清水ニテ洗濯スルコト数回、次ニ水中ニ留ムルコト二三時間、而〆后乾ス、但シ金液ノ厚薄ハ時宜ニ沿フ、又云ク猛汞ノ希薄液ヲ以テ図面ヲ留ムルノ法、「ヘルセル」君之ヲ用ユト雖トモ、熟手ニアラザルヨリハ能ハズ

当時長崎滞在之夷人江も相尋申候処、当今ハ「カルボ子ートソウダ」より亜硫酸ソーダ」之方宜敷由申聞候、殊に長崎ニてハ当今切れ物ニ御座候間、今便ハ亜硫酸之方を御贈申上候、一ポンド入壱瓶ニ付洋銀二枚半、塩酸金者壱瓶ニ付三枚ニ御座候、是ハ日本ニ而も直に製錬出来仕候得共、却而夷国より御買索之方下直ニ相成候由、紙ハ壱枚ニ付金壱《三》朱ニ御座候、其他翻訳等もいたし巨細可申上筈ニ御座候得共、頃日微軀肺病に罹り蓐上に起臥仕居候事故、乍失敬大畧而已御対申上、先ハ御報迄他在後鴻、草々頓首

三月十日　　　　　　　　　　瓜生三寅

戸田五郎兵衛様

梧右

尚々、外に御問合之義も御座候得ハ、以来無御遠慮御申越可被下候

(貼紙)

「　写真鏡伝習之和解書

子十二月差上置候通紙洗為念又々申上候

初度

一、紙洗之節桶五ツニ水ヲ入置、能々御洗ひ可被成候

弐度目

一、蒸餾水ソーダ 金水アゼインシュール調合水江入、色上り可申候、又水ニ而洗ひ、

三度目

一、蒸餾水ソーダ調合水江入、又水ニ而洗ひ、

此後水ニ而能々御洗ひ之上、蔭ニて御干可被成候、

但ソーダ者ラーピスヲ落し候薬也

金水者色上り不替為之薬也

アゼインシュール者色上り可申ニ付少々加江候ハヽ、金水之助ケニ相成候

右之通心味仕候処、至極出来宜御座候間、此段申上候、以上

三月　　　　　　　　　　品川徳三郎

瀬田金次郎様　　　　　　　　　　」

(貼紙)

「本月八日御認之朶雲今廿七日着拝誦仕候、春暖之砌益御清適奉賀候、然ハ御差送り之玻瓈画二枚慥ニ落掌仕候、巨細相調候上御返啓可申上候、被仰越候書籍類英舶来之物ハ時有之候得共、蘭著之品ハ当時入手仕兼候、是亦其中穿鑿之上御報可申上候、金子一封頂戴被仰付難有拝納仕候、先ハ右御受取迄如斯ニ御座候、頓首

三月廿八日　　　　　　　　　　瓜生三寅

戸田五郎兵衛様

閣下　　　」

(貼紙)

「金塩少はかりを蒸溜水五百匁ニとかし、又サイナイテ四匁を蒸溜水五百匁ニとかし、次ニ玻瓈のはしを以これをかきまわす間ニ、前ニとかし置処の金塩の液をとり、少はかりつゝこれニ和すれハ、十分清澄なる黄液となるへし、是ニ反してサイナイテの液を金塩液の中ニ注き和すれハ、忽黒色と為て損敗す

今先溜水を以図面をうるおし、これを右之液少許中ニ入れハ、数秒時中ニ帯青黒となるへし、これを取出して洗濯し、二十分時の間サイナイテの中ニ入れ其後是をかわかす

第二

前方を以製してサイナイテ液ニひたしたる図を、尚一回すてニ用ひたる金液中ニ入れ、其後黒色なるニ至るまて其中ニ置き、又サイナイテ液ニひたし、次ニ黄金を保持する液ニ送り黒色と為るニ至るまて其中ニとゝむ

第三

溜水ニドウシヤ精少量をそゝき、画像を入れハ茶褐色より変して帯紅黄となるへし、半時をすきてとり出し洗浄す

偶是ニよつて黄色を生す、これを水ニひたせハ、其色変して乾ハまた帯茶褐色となるもしはしはこれあり

第四

サイナイテ液百匁ニ醋酸一匁六分を加へて、画像をひたせハ二十分時後甚美黒となり、他食ニこへて撰取すへし

たまたまサイナイテより硫酸はなれて沈降し、紙上ニ黄色発するあり、ラボルテ君これを避るか為ニ次方を教ゆ

磠砂精二十五匁を取、醋酸を飽和せしめ、これニ帯の醋百匁、水五百匁を加ふ

磠砂の飽和するハラツクムース紙を以て知る、是の紙飽和液の為ニハ紅色と為らす、又其液十分飽和すれハ此の醋酸の為ニ紅変したる、試紙同シク其紅色を保すへし

此の液百匁をサイナイテ八匁ニ注くへし、

秒時本邦之半時を六十二分を一ミニュットと云、ミニュットを六十二分を一秒時と云」

格魯児《コロリエンチユムアウリ》黄金少許ヲ…、
図ノ諸部大ニ清浄ナルヲ思い、之ヲ清水中ニ洗、四五時ノ間其中ニ浸テ五六回水ヲ換ベシ、

(貼紙)

「　黒色染ル

金液之法

一、塩酸金　弐分　　　　　水百目

一、ホスパッテ曹達　七厘

右之水七拾目ニ塩酸金を溶し、残り三拾目ニ曹達を溶して弐品合す」

朴多瓦刺非《ポトガラヒイ》ハ、諸方共ニ金属、若ハ玻瓈、若ハ紙ノ上面ニ大ニ光輝ニ感シ易キ者一層ヲ致スコト、一般ニ然リトス

化学ヨリ出ツル諸物中、伊阿胄母《イヲチウム》ト銀ノ抱合シテ、所謂伊阿独《イヨード》銀ト称スル者、効力尤強シ、故ニ専コレヲ用ユ

此層ヲ紙玻瓈、若ハ金属上ニ布クノ法ハ、術者ノ異ナルニ従テ各異ナリ

伊阿独銀ヲ光ニ中ツレハ、速ニ黒色トナル、其黒色トナルハ光ノ

烈ナルニ従テ益速ナリ

(貼紙)
「イ印　大奥御間御手拭懸
ロ印　御二階燈アル方
ハ印　大坂火ノ見
ニ印　大名小路龍若長屋
ホ印　御櫓御天守無之方
ヘ印
ト印　権現山高松　」

(貼紙)
「　茶赭色
次亜　ホロールコート
カ印

茶渇(ママ)黒
次亜　ホロールコート
錯酸　没食
跡ニテ懸ル　トヘ印

青帯黒
アセインシエル錯酸入　金錯酸
ト印

紫色
錯酸　次亜　ト印金

コロルアンモニーム　薄墨色
次亜　ヘ印カ印ノ内

黒色
次亜　ト印　」

(貼紙)
「ヒサ印
玉子江ウシヤ入　ト印金　不宜
ミツ印
同断　カ印金　不宜
越中様
ドウシヤ計　ヘ印金
喜三郎
同断
ホヤ印
同断　カ印ス入金　」

玻瓈上ニ陽画ノ式

玻瓈ヲ清浄ニスルニ心ヲ用ルト、只諳摸尼亜ヲ含メル綿液ヲ用ヱルト、明光有物像ハ瞬間ニ写ヲ得カ故ニ、暗室筒中ニテ光ニ中ルヲ短クスルト、鉄液ヲ以テ図ヲ発起シテ後、玻瓈ヲ曹達水ヨリ出タシ、ヨク洗ヒテ後之ヲ正換ニ置、清水少許ヲ注、次ニ升　汞《ヘイテンテクイキ》
　二微屈許ヲ清水五十微屈ニ溶カシ、此液少許ヲ玻瓈版上ニ注ケハ、図ノ白キ部黒ト為、然レトモ暫アリテ後清朗トナルヲ始、今此液ヲ注云シ、新汞液ヲ以之ニ代レハ、其図漸々白色ト為、十分清朗ト為タリト思時、之ヲ満水桶ニ入、二回其水ヲ交換ス
陽図ニヘルニスヲヌル法ハ陰図同、然トモ其ヘルニスノ後ニ黒物ヲ置テ、図ノ濃強ナル部ヲ顕著ニスヘシ、此黒物之用ハ銀上之図画ニ於、金金属所為之用ニ同也、全成ス
透明麴以綿液ヲヌルニカエ、玉田膠《ヨーテンレーム》　ヲ以製タル黒麴ヲ用、此物濃厚ナル綿液ナレハ良効、然トモ偶此麴深綿液属中ニ滲入シ、画像ヲ茶褐色ニシ光沢ヲ奪アリ、先透明麴ヲ用、乾後其上ニ黒麴ヲ塗ハ此患ヲ免ル

(貼紙)
「　コロチヲン法
一、単コロヂヲン　先達而差出候一印之綿火薬を相用
一、ヨードアンモニヤ
一、ブロミデアンニヤ

差出候品
一、ウレイム
一、青酸加里
右之通御座候得共、分量之義ハ色々与調合仕候間、更相分り不申与申事御座候、已上」

(貼紙)
「一、ナイツレシルポイル　上品下品 弐壺
一、サイヲナイテポットアチユム
一、カバ子トソーダ
一、没食酸　弐壺
一、クレシヨウアツシリガツシリ
一、橙酸
一、ハイポーサルペーテソータ
一、プローテサルペートルアイダン
一、アイヲダイヂコロヂヨン
一、コロライデコール
右十品　」

バイロガイリアッシリ
一、没食酸　四厘八毛《三グレイン》
一、消酸銀水　一二滴
一、橙液　四厘八毛
一、水　八銭目

(貼紙)
「　微細映画鏡図
価十二三両位、
運賃不相分
凡そ七八両も相懸
候歟、
附属検微鏡
価同断位之由、
英国江注文致シ
候ヘハ、六ヶ月ニして
参着之由
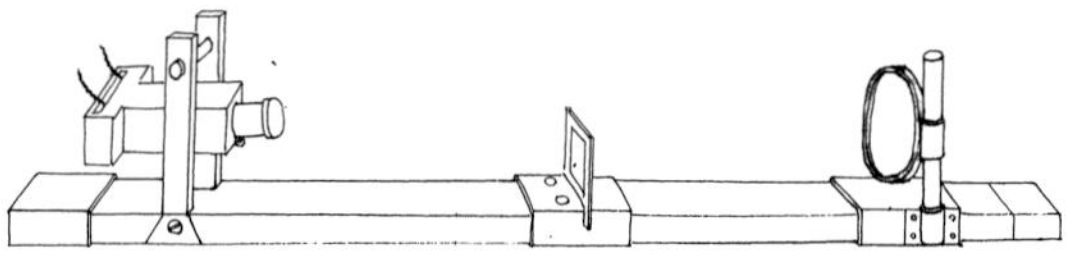
」

大垣伝金液法
一、塩酸金　ヨリ　壱分六厘
一、カルボナチ曹達江　八文目
一、水　弐百弐拾八文目

(貼紙)
「一、グレイン　一厘六《七》毛二

一、トン　即二十クヰンド　コード
（クヰンド一名ホントルドウエイト）即百廾或ハ百廿《十二》廾
一、ポンド　七千グレイン　我百二十銭○六分強
アウンス
一、オンス　即ポント十六分ノ一　我七銭五分四リ
ドイム
レイム
一、ヅラム　即オンス十六分ノ一　一名ダラクマ　我四分八リ許
一、スクルーフル　即ヅラム三分ノ一
一、グレイン　即スクルーフル十分ノ一

フローテサルペーテアイロン
プローテサルペーテアイロン　三十クレイン
蒸餾水　少許
醋酸　一オンス十六分ノ一
アルコール　少許　醋酸ノ三分ノ一程」

(貼紙)
「一、ゲレヱン　壱厘七毛
四十グレン
二、

壱厘七毛
金　壱滴
水弐匁四分」

(貼紙)
「薬品成分

○アイヲクイヂコロヂヨム
- コロチヨム三分
  - アルコール十八分　百三十五銭七分二リ
  - アーテル三十六分　二百七十一銭四分四リ
  - 火綿　五百グレイン　八匁六分一リ
- ヨードカドミウム一分
  - ヨードカトミウム　百六十グレイン　二匁七分五リ五
  - アルコール　十六分○六匁　百二十一匁壱分弐リ

○銀液
- 消酸銀晶　三十グレイン　五分一リ六六
- 水　一分

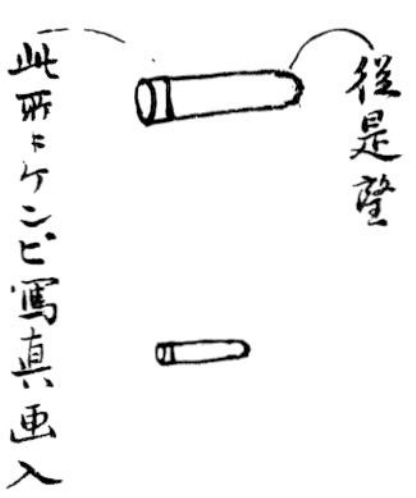
」

カラス新製
第一、　金液中ニ入、　黒色迄置之
第二、　曹達液ニ浸、
次ニ黄金ヲ保持スル液ニ送、
曹達液百微屈十文目、醋酸百滴計、黒色迄此中ニ置

(貼紙)
「覚
一、　○カルノートシユル
壱瓶
一、　ヨート割
フロミュム
カトミュム
アンモニュム
三品
三瓶
一、　アセインシュル
壱瓶
一、　ハヒル
弐十枚
一、　カトン
ハヒル
弐十枚
一、　○オントルシュルソーダ
壱壺
一、　フルニス
壱瓶
一、　○アルコール
壱瓶」

(貼紙)
「彦馬法
一、アルコール　六十銭
一、ヨードカトミウム　六分
一、フロシテカドミウム　二分
一、ヨードアンモニウム　四分」

没食酸法
没食酸晶　四銭　四文目　両水百銭
亜尓古児　十銭
没食銀法
没食酸液　二銭　消酸銀液二銭
亜尓古児　一銭

(貼紙)
「五月六日出来
水百目　水一ヲンスニ付
没食　四匁　アルコール八厘
アルコール　拾匁　没食三分弐厘」

横浜口
金液法
一、塩酸金　弐分壱厘
一、蒸餾水　壱文目

（貼紙）
「英名
ブロミテカリ《フロマイデホツトース》
英名
ヨウドアンモニヤ《アイヲダイジアンモニヤ》

英名
ヨシウムホツトース《アイオダイジホツトース》
英名
ブロミデアンモニヤ《フロマイテアンモニヤ》

イヨウドカリハ
ヨジウンホツタースノコト」

ホスハーテノコト
コロサイデ江入ルコト
前後スレハ黄金紙上ニ出ル
カルホナチ　ヨリ江入ルコト
コロライテヲ
タンサン
コロライテ

（貼紙）
「（端裏封表書）
「御小性衆様　　　戸田五郎兵衛」
（端裏封裏書）
「　〆　」
以手紙申上候、然者ガール相用居候コロヂオン出合之儀、直様九一郎江及問合候処、黄色又ハ黄紅色之品ニ御座候与申聞候、仍而申上候、右様御申上ニ相成候様致度候、已上

四月廿七日」

透写真　此方橋公伝法療示
此方不宜、新発明陰図同様ニコロ、シヲンヲカケ、銀液ヲ付ル種板江合セテ、一薄紙にて隔而移之、鉄液没食入ヲ好トス、後青酸加里ニ浴シテ後洗浴シ、銀カルノトシヱスヲカケテ、又青酸加里ニテ洗ヲヨシトス、右之方黒色ヲ帯、青酸前ナレハ薄色にて出来ル、後ヘイテンニ入テ治定トス

保寿波津天ヲ
金江入ル、
金ヲ
加留保名知江入
右前後不咎
金ヲ
淡三曹達江入

（切紙）
「百分一　　　　元七匁八分分《ママ》
五匁九分　　アーテル　　此中江
三匁九分　　アルコール　　アーテル弐匁入
五厘　　イヨードアンモニウム　　火綿弐厘入
三厘　　イヨードカドミウム
壱厘　　ブロムアンモニウム
壱厘　　フロムカドミウム
壱分　　火綿」

（貼紙）
「紙ヲ浸ス銀液
一、消酸銀　　二十五文目
一、水　　百目
カケ銀
一、消酸銀　　二十四文目
一、水　　百目」

小透写真
写後鉄液浮、直ニ青酸加里ニ浴、後没食水之内江銀一滴入懸、水にて洗コト

透写真
没食水懸、再々青銀一二滴入テ懸る事

（貼紙）
「コロシヲン法
アルコオル　　拾三匁
エーテル　　百《十》九拾《匁》六匁《分》六分《厘》六ヨ
ヨウド
アンモニウム　　壱分六厘六毛ヨ
ヨウド
カドミウム　　壱分
ブロムアンモニウム　　三厘三毛ヨ
フロムカドミウム　　三厘三毛ヨ
火綿　　三分三厘三毛ヨ」

（貼紙）
「覚
一、アーテル　　百三拾一匁弐分
一、アルコール　　百三拾弐《一》壱匁弐分
一、カワン　　弐匁六分六厘
一、ヨシ子アンモニヤ　　弐匁壱分三厘
一、フルシテアンモニヤ　　十三匁
右コロジヲン」

試見之コト
サフサン入鉄江、氷状錯酸五滴計入
ラーヒス
ウレーム入　コロ、シヲン
又
只銀ニテモ試見之コト

焦木酸入
鉄液之法　別ニ用ルす

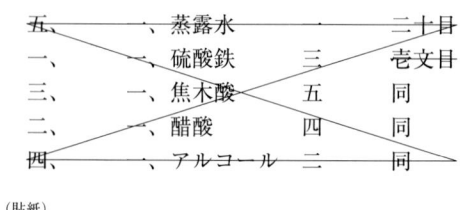

五、	一、	蒸露水	一	二十目
一、	一、	硫酸鉄	三	壱文目
三、	一、	焦木酸	五	同
二、	一、	醋酸	四	同
四、	一、	アルコール	二	同

（貼紙）
「鉄　　一　　壱匁
醋酸　　二　　同

焦木酸　三　同
アルコール　四　同
水　五　廿匁　」

焦木酸鉄液之法

此法損敗
鉄　常式
氷状醋酸　常式
アルコール　常式
焦木酸　常式　九文目
水　七ヲンス

試見

鉄

鉄
焦木酸
一所ニして

醋酸
焦木酸
一所にして入

醋酸
アルコール
水

伊阿曹武ソータ
ヨシウムホトーアス
伊阿曹武加里
伊阿曹武アンモニヤ
伊阿曹武シルホイル
伊阿曹武チンキテール

(切紙)
「　第一液ハヨチームアンモニヤヲ溶シテ製スル物
第二液ハ消酸銀ヨチームホチタース之品

」

(貼紙)
「　由偪母ノ用法
一、通常ノヨードコロチヲン」ヲ板面ニ流シ、而〆銀液ニ浸シ、ヨク板面ニ銀ノ附着スルヲ見テ、由偪母液ヲ板面ニ二三度モ流シ、暫時貯ヘ置テ写真術ヲ行フ
由偪母液ノ法
一、水　八文目
一、アルコール　三十滴
一、ウレウム　八リン　」

(貼紙)
「　ウレユム製法
第一
一、青酸銀加礬土
一、半炭酸加里
右ニ而ブルードローグ塩ヲ得、

第二
一、ブルードローク塩
一、奇性加里
右ニ而酸化青酸加里ヲ得、

第三
一、塩化青酸加里
一、過酸化鉛
右ニ而復酸化青酸加里ヲ得、

第四
一、復酸化青酸加里
一、硫化砒素アンモニヤ
右ニ而青酸アンモニヤヲ得

第五
一、青酸アンモニヤ
一、アルコール　」

(貼紙)
「　水出し写真鏡　弐包
右者輔《ママ》之書状中仕方有之候得共、相分り不申候、此包紙之文章者英吉利語ニ而、実ニ相分り不申候　」

(貼紙)
「　伊曺母銀
請摸扭母
伊曺母酸朴篤亜斯《純単コロ、シヲン》　」

(貼紙)
「　コルロチオン《一オンス》　八匁
複塩　八厘八毛　」

純単コルロチオン百八十微屈ニ、此複塩二微屈ヲ加へ、其壜ヲ振盪スレハ、合剤勿渾濁シテ乳色ト為ル、此液ヲ清澄ニスルカ為ニ伊阿冑母酸朴篤亜斯ノ亜爾箇爾液第三十微屈ヲ加フ、之ヲ加ル度毎ニコルロチオンヲ振盪スレハ、少時ニシテ清澄ト為ル、其清澄ト為ルニハ三十微屈ニシテ足リトス、若シ尚清澄セサルアレハ静定セシムヘシ、二十四時ヲ過クレハ十分透明トナル、之ヲ注分シテ後直ニ用ユ可シ

(貼紙)
「　一、微屈《ウキリチー》　二分六厘六毛
青酸加偪母ハホツトアス之事　」

試見済

尋常之醋酸入鉄醋酸一ヲンスノ物ハ、半ヲンス入置、其半ヲンスニテ

焦木酸ヲ交

焦木酸ヲ醋江入ルコト合テ、後ニ鉄尋常之醋酸鉄壺ニ加入ス、

焦木酸強ク故ニ水許多ヲ入テ薄ス

(切紙)
「　炭酸曹達
即チ　鹼蓬塩
オカヒジキ
ハママツナ
ヲ焼キ
製シタル塩類ナリ　」

史料2　旧習一新記

（旧蓬左文庫所蔵史料・126―226）

（表紙）
「
　　旧習一新記　　　　　　　　　　」

　陰陽像

陰陽成テ其上硝子真印之裏ニ挟、又白硝子ヲ入両開箱ニテ白駒江晒二時晴処ニテ出之、鮮明也、依清水ニ浮ル上蹠酸曹達之液中ニ沈コト二時後、又清水ニテ洗也

陰像之薬
　アルコール　　　　コロ、シヲン
　ソフルアイロン　　ハタシーム
　ハーテル

　　コロ、シオン
　アーテル　　　　キシイトキシメン
　アルコール　　　ヨシウム

　　ソフルアイロン
　鉄液　　　　　　錯サン
　アルコール　　　ハーテル

　　ハタシーム
　ハタシーム　　　ハーテル

陽像之薬
　　白臘　　　　　玉子
　子テレトウヲフヱルシヱル消散銀
　ハーテル
　蹠酸曹ダ
　　白臘
　湯センニカケル
　　玉子
　玉子トロサ《シ》ヤウ
　　水
　　蹠サンさウタ
　紙　　　　陳古紙

　　　アルコール
　　硝子ヲ琢磨ス

　　　コロ、シヲン
　　アーテル　　　　　　　　　　　四ヲンス
　　アルコール　　　　　　　　　　四ヲンス
　　フラントカツウン　三分八厘　　合テ一匁三分弐厘
　　　　　　　　　　　一文メノ処五分
　　ヨシウム
　　　　　出来の分也

　　　頃露志恩
　　アーテル　　　　　　　十六ヲンス《百二十八匁》
　　アルコール　　　　　　十六ヲンス
　　シキイトカツウン　　　二匁七分二厘
　　ヨシウム　　　　　　　四匁
　　　　　十六ヲンスハ　八匁也

　　　　平生先
　　　　アーテル　　　　三《二》ヲンスハ八匁メ
　　　　アルコール
　　　　ヨシウム　　　　□《二分》斗五厘
　　　　シキイトカツウン　一分七厘ツヽ

　銀液
水　　　　　　　　十六ヲンス《百二十八匁》
硝酸銀　　　　　　十匁七分六厘
ヨ志烏武　　　　　八厘五毛

　鉄液
アイロン　　　　　八匁
酢《サン》酸　　　　　　　　一ヲンス《八匁》
アルコール　　　　一ヲンス
ハーテル　　　　　七ヲンス

　ハタシーム
ハーテル　　　　　十六ヲンス《一ヲンス》
ハタシーム　　　　八匁五分

　右陰像

　白ロウ
湯せむにてロウヲ紙江付而、はしにてこする、かわき之上ニ

　玉子
玉子
トウシヤ
　此中江入、かわかす上

　硝サン銀
暗かるにて此中江入、はかハし《かわかし》、此本の中江入置

　水
其中ニ日光ニあてヽ後水江入、夫ゟ

　カルコイ
此中江入ルコト二時二分也

　水
わかし

　サイナイテ
此中江入、二時二分也

　水
此中にてあらひ、出来
光気なけれハあらひを引

陽像乾弁
塩　二十微屈
二匁ノコト
溜水　二百誠ク
二十メノコト

跣散曹達
三十微屈
三匁ノコト
水　二百ヒク
二十メノコト

紙ハ
陳古紙
塩付乾之上ニ清浄銀付ル上ニ、日ニ出し水にて浮曹達ニ入、引上ル迄也
又
白紙　自考也

対日光度
壱分作上計
右日之依照光

水ハ直
曹達ハ
一分之間淩浴洗スル也

水
洗
右陽像之方

陰像
あるこふるにて琢磨し、ことむはにて磨、夫よりコロ、シヲンを流し、夫より銀ニ入一分、夫よりわくニ入テ日ニあて、からすハ其日之時こふニよるなり、又鉄液ニ浮水にて流し、ハタシームニ浮洗、夫より水にて洗也

綿《ブラン》火《ト》薬《カツウン》 夏之法
一、緑礬油　十銭
一、硝石　五銭
右四五秒時親和シ置ク、一綿一銭五分計り、右薬剤中江入レ、攪和シテ一時侵入シ置
一、其後蒸露水ニテ幾回モ洗、木綿布ニテ右水気を絞りトリ、而〆カケ干ニス
同冬之法
一、緑礬油　十銭
一、硝石精　四銭
一、硝石　一銭
親和之度ハ夏之法ニ同シ
一、綿二銭計リヲ右薬剤中江入レ、攪和シテ一時二秒侵入シ置ク
右瀑シ方夏之法ニ同シ
夏冬トモ綿ノ潔白ナルヲ度トス

極
極上製作
頃露志尾武
アーテル　四ヲンス
アルコール　四ヲンス
フラントカツウン　一モンメ
ヨシウム　五分
黒ヨシウム　位《ママ》
なほ二めにてもよし、乍去少々ポトスルノ躰もあり

コロ、シヲン
絵白出ルトキハ、ヨシウム少キ故ニ銀ヲ告ルコト少、故ニソフルアイロンノ色不出、故ニ白シ、依右之節ハヨシウムヲ入ベシ、銀ヲヨクツク、尤アーテル・アルコールノ強弱ニ於テ相違アリ
コ、ロ黄ニ出ルトキハ、アルコール・アーテルノ気ニクル故也、ヨシウムノ黄ヲ出ス故ニアーテル・アルコールヲ入ベシ、十分之色ハ不白不黄シテフクリントリテ明白ニツヤアリテ黄ハム位也
制法ハ
先アーテル・アルコールヲ交テ、一両日ヲキテシキイトヲ入ベシ、忽トクル上ニヨシウムヲ入ベシ、六十時之間シマイヲク也、ヨシウムヲソキホトヨシ
銀
正ニ銀ハ却而不宜間、上り迄銅気アリテヨシ、青色ニ出顕ズ

(貼付)
「　消酸銀製法
灰吹銀適宜
消酸　適宜
右銀ヲ硝子壜或ハ磁器ニ入レ、右ノ消石精ヲ加テ、銀尽ク溶《トケ》テ澄清ノ液トナルヲ度トシ、緩火ニ蒸散スレバ薄トモ状ノ芒ヲ結、是ヲ紙上ニ展《ヒロ》ケ乾シ、硝子壜ニ収メ、晴処ニ貯
銀液製法
消酸銀　十匁七分六リン
イオシュームホツタース　八リン五毛
蒸溜水　十六オンス
右蒸溜水ノ中エ銀ヲ入レ振盪シ、別ニ少許ノ水ヲ以、イオジュムホツトアスヲ溶シ、其中エ入レ紙ニテ漉シ、晴処ニ貯フ」

(白紙12丁、貼付の跡あり)

は印

薬方試
かとミうむ
よしうむ少々ホトアス　御茶席
伊曽阿母銀　燈籠
白銀
フロミーム　三次郎
ヨシウム　龍太郎
アイラタイシホトアス　弁慶初
カトミーム　金太郎
アイラタイシアンモニヤ
ヨシウムソータ
フロミーム　北庭
シルホイル

同
ヨシウム
フロミーム　　北庭
シルホイル
カトミーム　　宮太良

御庭光景
伊阿曽母銀
一　フロミーム　　北園植木室有処
二　ヨシウム
フロミーム
アンモニヤ　　北園梯有処
三　カトミーム
ヨシウム少々　　北園桜柵有処
四　フロミーム
アンモニヤ　　新御殿厩矢根ゟ
五　ヨシウム
カトミーム　　泉水嶌自東移西
六　同前　　御鷹部屋辺
七　同前　　泉水自西移東
八　ヨシウミシルホイル
アンモニヤ
フロミーム　　桜道
九
十
十一
十二
十三
十四　ヨシウムホタース
ソータ
カトミーム
シルホイル
十五

「旧習一新記」

（白紙４丁）

コロシヲン
三ヲンス
三、　アーテル　　一ヲンス半
一、　アルコール　　一ヲンス半
合テ
三ヲンス
アルコールノ強弱ニヨリテ
多少有
四、　ヨシウムホタース
ヨシウムアンモニヤ
三分七厘五毛　カトミーム
右一品ツヽ
五　フロミーム
右
種板之節計用
分量一二厘
二　綿火薬

五
二分四厘五毛

鉄
三　アルコール　一ヲンス
一　鉄　八文目
二　醋酸　一ヲンス
四　水　七ヲンス

白銀　　別法
二　アルコール　一ヲンス
一　鉄　常式
三　水　七ヲンス
種板ノ節
用

別法
五　水　七ヲンス
一　鉄　常式
三　アルコール　一ヲンス
二　氷状醋酸　一ヲンス
四　硫酸　三滴

種板ノ法
没食　一分六厘
橙酸　六厘
水　一ヲンス

銀
カケシルホイル
百匁水
銀廿四匁

紙銀種ノ法
水百匁
銀二拾五匁

カラス銀
水百匁
銀十二匁

青酸加里
水　ヲンス
青酸加里

（白紙17丁）

文久二壬戌秋
八月十八日
月斎蔵

徳川慶勝年表

元　号	西暦	月　日	年齢	事　　　蹟	歴　史　事　項
文政7年	1824	3月15日	1	美濃高須松平家十代当主義建の二男として江戸で誕生。母は規姫（水戸徳川家七代当主徳川治紀娘）。幼名は秀之助。	
天保11年	1840	7月28日	17	十二代将軍徳川家慶に初御目見する。	
		12月16日		従四位下侍従に叙任され、中務大輔と名乗る。	
天保12年	1841	11月11日	18	御前髪執の儀（元服）。諱を「義恕」とする。	閏1月30日、十一代将軍家斉歿。
弘化4年	1847	3月9日	24	二本松丹羽家十代当主長富の娘・矩姫（17歳）と縁組。	
嘉永2年	1849	4月7日	26	尾張徳川家十三代当主慶臧死去。享年14。	
		閏4月28日		矩姫と婚礼。	
		5月1日		名乗りを「掃部頭」に改める。	
		6月4日		尾張徳川家の家督を相続し、十四代当主となる。	
		7月9日		正四位下右近衛権少将に叙任され、同日、左近衛権中将へ転任する。十二代将軍家慶より偏諱を賜り「慶恕」と称する。同日、従三位参議に叙任される。	
嘉永3年	1850	10月16日	27	弟・義比（後の茂徳）が高須松平家十一代当主となる。	
		12月22日		慶勝、権中納言に叙任される。	
嘉永4年	1851	3月13日	28	当主として、はじめてのお国入りをする。	
安政5年	1858	5月24日	35	慶勝の三男として元千代（後の十六代当主義宜）誕生。母は多満（武蔵氏）。	4月23日、井伊直弼、大老就任。 8月8日、十三代将軍家定歿。 9月8日、安政の大獄始まる。 12月1日、家茂、十四代将軍宣下。
		6月24日		江戸城に不時登城。大老井伊直弼に対し日米修好通商条約調印を糾弾。	
		7月5日		十三代将軍徳川家定の命により隠居を命じられ、江戸の戸山下屋敷で謹慎・幽閉される。 慶勝の弟・高須松平家十一代義比が尾張徳川家十五代当主となり、十四代将軍家茂の偏諱を賜り「茂徳」と称する。	
万延元年	1860	9月4日	37	十四代将軍家茂の命で謹慎・幽閉を解かれる。	3月3日、桜田門外の変。
		9月26日		諱を「慶勝」と改める。	
		10月25日		慶勝の三男元千代、尾張徳川家当主茂徳の養子となる。	
文久元年	1861	9月	38	江戸の戸山下屋敷内で自身の肖像写真の撮影に成功する。	
文久2年	1862	4月25日	39	幕府より正式に赦免を申し渡される。	1月15日、坂下門外の変。 7月6日、一橋慶喜、将軍後継職となる。 閏8月1日、松平容保、京都守護職となる。
		8月20日		父・松平義建死去。享年64。	
		9月11日		従二位権大納言に叙任される。	
文久3年	1863	1月8日	40	初めて入京し、1月15日に参内して孝明天皇に拝謁する。	3月4日、将軍家茂上洛。 5月10日、下関海峡砲撃。 7月2日、薩英戦争。 8月18日、八月十八日の政変。
		4月28日		将軍輔翼を命じられる。	
		9月13日		十五代当主茂徳隠居、「玄同」と名乗る。慶勝の三男元千代（6歳）、尾張徳川家十六代当主となる。	
元治元年	1864	4月28日	41	正二位に叙任される。	正月15日、将軍家茂上洛。 7月19日、禁門の変。 7月23日、朝廷、幕府に対して長州征討を命じる。 8月5日、下関戦争。
		10月12日		長州征討総督就任を受諾する。	
		11月18日		広島に着陣し、禁門の変の首謀者、長州藩三家老の首実検を実施。	
		12月18日		軍議で長州藩への「寛厚之御処置」を衆議とすることに成功する。	

元号	西暦	月日	年齢	事蹟	歴史事項
元治2年（慶応元）	1865	1月4日	42	幕府から長州藩主毛利父子の江戸召喚を命じられるが慶勝は拒否する。	5月12日、紀伊家当主徳川茂承、征長総督任命。 9月21日、将軍家茂参内、長州再征の勅命が下る。
		1月晦日		朝廷に長州藩への「寛厚之御処置」を奏上するも失敗。	
慶応2年	1866	12月27日	43	一橋慶喜の十五代将軍就任により、慶勝の弟茂徳が一橋徳川家十代当主となり、「茂栄」と改名する。	1月21日、薩長盟約成立。6月7日、第二次長州征討の戦闘開始。 7月20日、一四代将軍家茂、大坂城で歿。 12月5日、慶喜、一五代将軍宣下。
慶応3年	1867	12月9日	44	王政復古により、「議定」職を拝命する。	10月14日、倒幕の密勅。 10月15日、大政奉還。 12月9日、王政復古。
慶応4年（明治元）	1868	1月20日	45	名古屋城内において、渡辺新左衛門ら佐幕派14名を斬首する（青松葉事件）。	1月3日、鳥羽伏見の戦い。 1月6日、慶喜、大坂城を脱出し、松平容保・定敬を伴い、海路江戸へ逃走。 1月7日、慶喜追討令。 4月11日、江戸開城。 閏4月29日、田安亀之助、徳川宗家十六代を継承。 5月3日、奥羽越列藩同盟。 5月15日、上野戦争。 7月17日、江戸を東京と改称。 9月8日、明治改元。 9月22日、会津藩降伏。
		1月24日		王政復古の功績により、1万5000両を賜る。	
		2月24日		勤王誘引の書状を、東海道・中山道沿線諸藩へ送る。	
		閏4月29日		北越戦争に尾張藩兵を出兵させる。	
		7月24日		会津戦争に尾張藩兵を出兵させる。	
明治2年	1869	2月14日	46	版籍奉還を上奏する。	3月28日、東京奠都。 5月18日、榎本武揚降伏（戊辰戦争終結）。 8月15日、蝦夷地を北海道と改称。
		5月17日		「議定」職を免じられ、「麝香之間祗候」を命じられる。	
		6月17日		尾張徳川家十六代徳成（後の義宜）、名古屋藩知事となる。	
		9月26日		王政復古時の功績により、尾張徳川家歴代の中で初めて従一位に叙任する。	
明治3年	1870	12月3日	47	徳成（後の義宜）の致仕により、二代名古屋藩知事となる。	
		12月5日		青松葉事件遺族を赦免し、家名復興する。	
明治4年	1871	2月28日	48	尾張徳川家十六代当主徳成、「義宜」と改名する。	4月23日、東山・西海鎮台設置。 5月10日、新貨条例。 10月8日、岩倉使節団派遣。
		4月10日		浅草瓦町邸を賜る。	
		7月14日		廃藩置県により、名古屋藩知事を免じられる。	
明治5年	1872	4月14日	49	本所長岡町邸へ移住する。	1月6日、松平容保・定敬赦免。
明治8年	1875	4月4日	52	明治天皇、浅草瓦町邸へ行幸する。	
		11月26日		尾張徳川家十六代当主義宜死去（18歳）。東京新宿の西光庵に葬られる。	
		12月17日		尾張徳川家の家督（十七代）を再相続する。	
明治9年	1876	5月10日	53	高松松平家八代当主頼聰の二男義禮を養子とする。	3月28日、廃刀令。 8月5日、家禄・賞典録廃止。
		10月		第二部華族（旧徳川家一門）の宗族長となる。	
明治10年	1877	5月	54	第十五国立銀行の設立発起人となる。	2月15日、西南戦争。

元　号	西暦	月　日	年齢	事　　　　　　蹟	歴　史　事　項
明治11年	1878	5月21日	55	北海道開拓使長官・黒田清隆に対し、北海道胆振国遊楽部（八雲）の土地150万坪の無償払い下げを申請し、開拓を開始する（同年6月13日認可）。	
		9月3日		銀座・二見朝隈写真館において、弟の一橋茂栄・松平容保・松平定敬と写真を撮影する。	
		11月1日		慶勝の十一男として義恕が誕生（後の男爵家初代）。母・鈴木氏。	
明治12年	1879	1月13日	56	本所横網町邸に移住。本所長岡町邸は売却。	
明治13年	1880	9月27日	57	隠居して、尾張徳川家の家督を養子の義禮に譲る。	
明治14年	1881	7月16日	58	勲二等旭日重光章を賜る。	
明治16年	1883	7月31日	60	北海道・八雲での開墾事業を賞されて藍綬褒章を賜る。	
		8月1日		本所横網町邸で死去。東京新宿の西光庵に葬られる。	

『尾張徳川家系譜』『徳川諸家系譜』『平成新修旧華族家系大成』より作成。

徳川慶勝関連系図

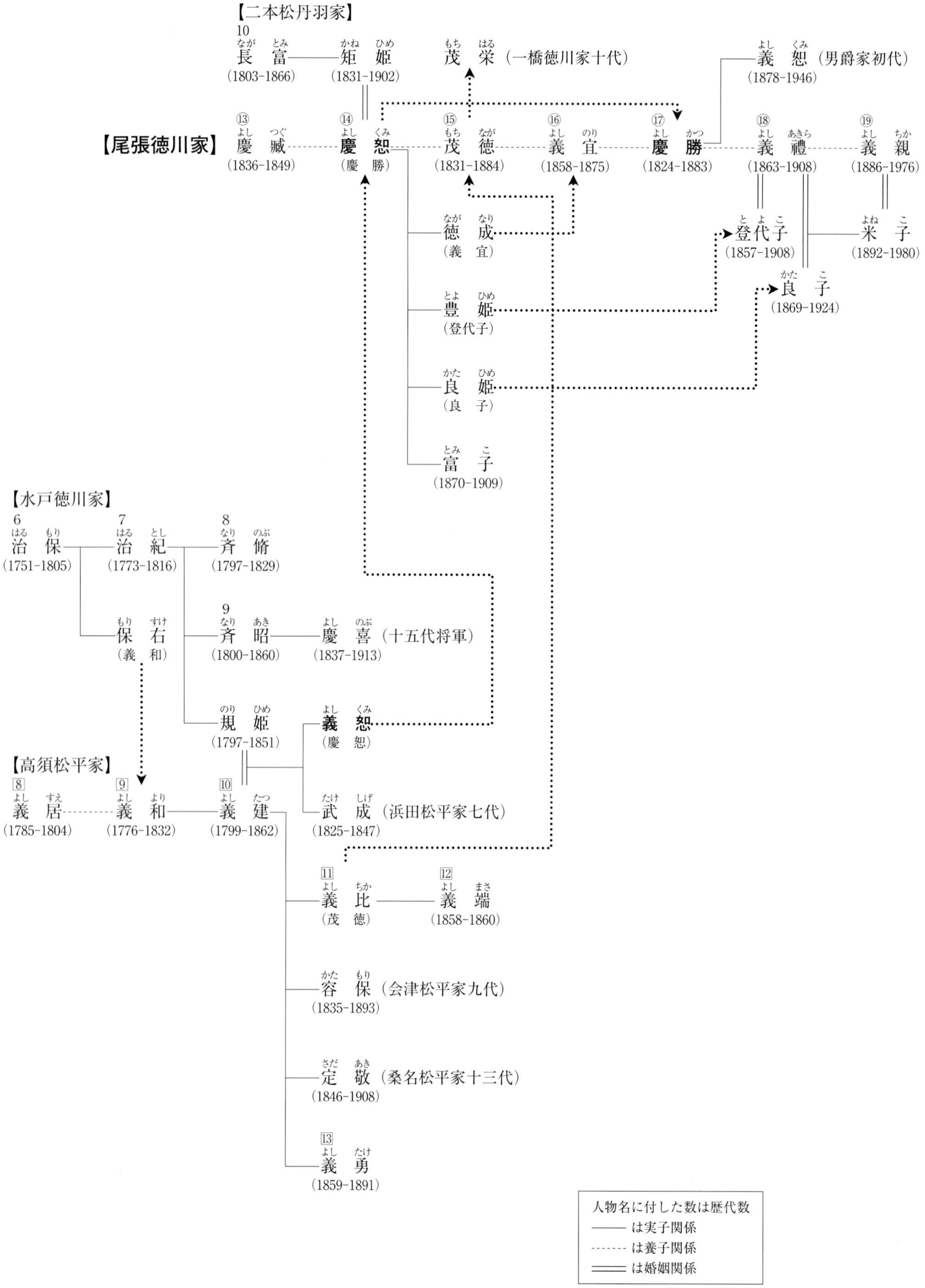
【二本松丹羽家】
10
長富《ながとみ》
(1803-1866)
矩姫《かねひめ》
(1831-1902)
茂栄《もちはる》（一橋徳川家十代）
義恕《よしくみ》（男爵家初代）
(1878-1946)
【尾張徳川家】
⑬
慶臧《よしつぐ》
(1836-1849)
⑭
慶恕《よしくみ》
（慶勝）
⑮
茂徳《もちなが》
(1831-1884)
⑯
義宜《よしのり》
(1858-1875)
⑰
慶勝《よしかつ》
(1824-1883)
⑱
義禮《よしあきら》
(1863-1908)
⑲
義親《よしちか》
(1886-1976)
徳成《ながなり》
（義宜）
登代子《とよこ》
(1857-1908)
米子《よねこ》
(1892-1980)
良子《かたこ》
(1869-1924)
豊姫《とよひめ》
（登代子）
良姫《かたひめ》
（良子）
富子《とみこ》
(1870-1909)
【水戸徳川家】
6
治保《はるもり》
(1751-1805)
7
治紀《はるとし》
(1773-1816)
8
斉脩《なりのぶ》
(1797-1829)
保右《もりすけ》
（義和）
9
斉昭《なりあき》
(1800-1860)
慶喜《よしのぶ》（十五代将軍）
(1837-1913)
規姫《のりひめ》
(1797-1851)
義恕《よしくみ》
（慶恕）
【高須松平家】
8
義居《よしすえ》
(1785-1804)
9
義和《よしより》
(1776-1832)
10
義建《よしたつ》
(1799-1862)
武成《たけしげ》（浜田松平家七代）
(1825-1847)
11
義比《よしちか》
（茂徳）
12
義端《よしまさ》
(1858-1860)
容保《かたもり》（会津松平家九代）
(1835-1893)
定敬《さだあき》（桑名松平家十三代）
(1846-1908)
13
義勇《よしたけ》
(1859-1891)
人物名に付した数は歴代数
は実子関係
は養子関係
は婚姻関係

『尾張徳川家系譜』『平成新修旧華族家系大成』等より作成

掲載写真一覧

凡例 1　史料番号は、徳川林政史研究所所蔵写真資料の番号を示した。
　　　そのうち、「八雲・ユーラップ写真」アルバムに収録された写真については〔　〕を付した。
　　2　表題は、掲載写真のキャプションに付したものを示した。
　　3　形態は、G（ガラス原板）、A（アンブロタイプ）、SA（アンブロタイプのステレオ写真）、P（紙焼き）と示した。
　　4　法量は、縦×横(cm)の寸法を示した。

プロローグ　徳川慶勝とその家族

番号	史料番号	表題	年代	形態	法量 (cm)
1	1	徳川慶勝肖像(1)	文久元年9月	A	13×10
2	22	徳川茂徳肖像	文久3年頃	A	13×10
3	23	松平容保肖像	文久2年冬	A	13×10
4	24	松平定敬肖像	文久2年頃	A	13×10
5	11	徳川慶勝肖像(2)	明治11年頃	P	10×6
6	188	矩子（準子・貞徳院）	明治21年2月27日	P	27×21
7	469	徳川政子肖像	明治33年8月以前	P	16×11
8	356	松平晨若（徳川義禮）肖像	幕末(文久3年以降)	G	11×9
9	54	徳川義禮肖像(1)	明治初期	P	10×6
10	63	徳川義禮肖像(2)	明治14年7月9日	P	10×7
11	246	徳川鉦（良子）肖像	明治12年10月24日	G	11×9
12	169	徳川良子・富子肖像	明治26年4月8日	P	11×10
13	83	徳川義禮・良子肖像	明治21年2月頃	P	10×6
14	197	徳川義禮と良子	明治21年2月27日	P	15×20
15	248	徳川總子肖像	明治中期	P	10×6
16	173	徳川義禮と義恕	明治34年3月10日	P	15×11
17	185	徳川良子と義恕	明治21年2月27日	P	20×14
18	259	毛利元昭肖像	明治中期	P	15×10
19	411	富子肖像(1)	明治21年12月19日	P	15×11
20	170	富子肖像(2)	明治初期	P	16×11
21	164	米子	明治26年4月8日	P	14×11
22	144	矩子と米子	明治28年頃	P	11×8
23	189	徳川義禮・良子・富子・米子	明治26年4月8日	P	21×28
24	145	尾張徳川家集合写真	明治28年頃	P	15×11
25	174	徳川義禮とその家族	明治中期以降	P	15×10

第1章　徳川慶勝と激動の時代

番号	史料番号	表題	年代	形態	法量 (cm)
1	6	徳川慶勝肖像(1)	文久2年秋	A	18×14
2	5	徳川慶勝肖像(2)	文久元年9月	A	13×9
3	4	徳川慶勝肖像(3)	慶応2年	P	13×9
4	1526	スライディングボックス式カメラ	明治初期	P	15×11
5	1547	蛇腹式カメラ	明治初期	P	15×11
6	484	戸山御庭 御町屋	幕末	A	13×9
7	489	琥珀橋	幕末	A	13×10
8	490	養老泉の茶屋	幕末	A	13×10
9	486	戸山下屋敷内渡廊下	幕末	A	9×13
10	485	戸山下屋敷 書斎	幕末	A	9×13
11	1534	装飾ランプと時計	明治初期	P	15×10
12	806	壁掛け鏡	明治初期	P	13×11
13	804	壁掛時計	明治初期	P	16×12
14	790	懐中時計	明治初期	P	8×5
15	488	戸山下屋敷 本間	幕末	A	13×10
16	487	戸山下屋敷 小座敷	幕末	A	13×10

番号	史料番号	表題	年代	形態	法量（cm）
17	1700	市谷上屋敷正門を望む	幕末～明治初年	P	23×33
18	1271・1272・1273	市谷上屋敷を望む（パノラマ写真）	幕末～明治初年	P	18-1は13×17、18-2は12×16、18-3は13×16
19	1283	市谷上屋敷遠望(1)	幕末～明治初年	P	12×17
20	856	市谷上屋敷遠望(2)	幕末～明治初年	P	6×8
21	877	市谷上屋敷遠望(3)	幕末～明治初年	P	6×8
22	344	名古屋城天守	幕末	G	18×14
23	314	名古屋城本丸東南隅櫓・天守	幕末	A	18×14
24	352	知恩院本堂背面	元治元年10月2日	SA	9×17
25	353	知恩院本堂右側面	元治元年10月2日	SA	9×17
26	354	孝明天皇から下賜された花生	元治元年4月8日	SA	8×18
27	1200	大坂城西丸乾櫓	幕末	P	7×7
28	473	広島城三之丸南門方面を望む(1)	元治元年12月25日	SA	9×18
29	474	広島城三之丸南門方面を望む(2)	元治元年12月	A	10×13
30	476	広島城三之丸櫓・天守遠望	元治元年12月	A	13×10
31	477	広島藩家老浅野右近邸(1)	元治元年12月28日	A	13×10
32	478	広島藩家老浅野右近邸(2)	元治元年12月28日	A	13×10
33	477・478	広島藩家老浅野右近邸(3)（連続写真）	元治元年12月28日	A	32、33いずれも13×10
34	479	広島藩家老浅野右近邸内の庭園	元治元年12月	A	10×14
35	480	広島城下武家屋敷長屋門	元治元年12月	A	10×13
36	481	広島藩家老浅野右近邸前・広島城一丁目御門(1)	元治元年12月	A	10×13
37	482	広島藩家老浅野右近邸前・広島城一丁目御門(2)	元治元年12月	A	10×13
38	383	会津若松城天守	明治7年以前	G	14×18
39	26	松平容保	明治	G	17×12
40	41	松平定敬	明治	P	14×11
41	31	徳川慶勝	明治	P	15×11
42	37	徳川茂徳	明治	P	14×11
43	451	成瀬正肥	明治	P	10×6
44	450	徳川慶喜	明治	P	10×6
45	1692	徳川家達(1)	昭和5年複写	P	9×6
46	251	徳川家達(2)	明治	P	15×10
47	391	毛利元徳	明治21年	P	15×11
48	472	稲葉正邦	明治21年2月11日	P	15×11
49	440	岩倉具視	明治	P	9×6
50	439	三条実美	明治	P	9×6
51	2758	松平春嶽	明治	G	17×12
52	2759	池田茂政	明治	G	17×12
53	2760	伊達宗城	明治	G	17×12

第2章　幕末・明治の名古屋

番号	史料番号	表題	年代	形態	法量（cm）
1	384	名古屋城本丸東南隅櫓・天守	幕末	A	10×13
2	348	名古屋城天守・本丸馬出多門櫓	幕末～明治初年	SA	17×13
3	319	名古屋城天守遠望	幕末	SA	9×18
4	318	本丸西南隅櫓遠望	幕末	SA	9×18
5	386	本丸東南隅櫓	幕末	A	13×10
6	315	西之丸月見櫓(1)	幕末（10月23日）	A	18×14
7	324	西之丸月見櫓(2)	幕末	SA	9×17
8	322	御深井丸西北隅櫓(1)	幕末	SA	9×18
9	341	御深井丸西北隅櫓(2)	幕末	G	13×10

番号	史料番号	表　　題	年　　代	形態	法　量　(cm)
10	1219・1220・1221・1222	名古屋城御深井丸（パノラマ写真）	幕末	P	10-1,2,3,4 いずれも8×16
11	1069	大砲の脇に立つ武士	幕末	P	7×10
12	378	名古屋城金鯱写真(1)	明治4年頃	G	9×11
13	365	名古屋城金鯱写真(2)	明治4年頃	G	10×7
14	1298	名古屋城天守・本丸馬出多門櫓	幕末～明治初年	P	12×17
15	1664	名古屋城天守・二之丸御殿	幕末	G	9×17
16	338	名古屋城二之丸御殿黒門	幕末	G	13×10
17	323	二之丸御殿黒門	幕末	SA	8×18
18	1189	二之丸御殿西鉄門前	幕末	P	9×6
19	387	二之丸東鉄門付近	幕末	A	10×13
20	1139	二之丸東鉄門下馬	幕末	P	8×16
21	343	二之丸太鼓櫓・東南隅櫓	幕末	A	18×14
22	317	二之丸東北隅櫓・逐涼閣	幕末	A	13×9
23	340	二之丸東北隅櫓より逐涼閣を望む	幕末	G	14×18
24	1144	二之丸迎涼閣	幕末	P	8×16
25	1359	二之丸迎涼閣・御文庫	幕末	P	17×12
26	977	二之丸迎涼閣下	幕末	P	6×8
27	963	二之丸御庭・風信亭	幕末	P	6×8
28	1188	二之丸御庭の御茶屋	幕末	P	9×6
29	1166	二之丸御庭物見台	幕末	P	9×7
30	1145	二之丸御殿桜之間	幕末	P	8×16
31	1147	二之丸御殿梅之間	幕末	P	8×16
32	1375・1376	二之丸御殿桜之間・梅之間（連続写真）	幕末	P	32-1,2 いずれも17×13
33	1146	二之丸向屋敷・馬場馬見所	幕末	P	8×16
34	1216・1217・1218	二之丸御殿北側の風景（パノラマ写真）	幕末	P	34-1,2,3 いずれも 8×16
35	346	下御深井御庭から名古屋城天守を望む	幕末	G	17×13
36	1158	下御深井御庭波止場	幕末	P	11×7
37	1364	二之丸塀越しにみる下御深井御庭船倉(1)	幕末	P	17×12
38	866	二之丸塀越しにみる下御深井御庭船倉(2)	幕末	P	6×8
39	1358・1360	二之丸塀越しにみる下御深井御庭（連続写真）	幕末	P	いずれも17×12
40	1133	新御殿御二階	幕末	P	8×16
41	1339	新御殿御庭	幕末	P	13×17
42	1350・1351・1352	新御殿（パノラマ写真）	幕末	P	42-1,2,3 いずれも12×17
43	1353	新御殿の建物群	幕末	P	12×17
44	1357	新御殿前御庭	幕末	P	17×12
45	1336	新御殿御庭物見台	幕末	P	13×18
46	1349	新御殿御馬場	幕末	P	12×18
47	1342・1343・1344	新御殿より下御深井御庭を望む（パノラマ写真）	幕末	P	47-1,2,3 いずれも12×17
48	1223・1224・1225・1226・1227	三之丸御屋形(1)（パノラマ写真）	幕末	P	48-1,2,3 は 8×16、48-4,5 は 8×15
49	1141・1142	三之丸御屋形(2)（連続写真）	幕末	P	いずれも 6×16
50	1154	三之丸御屋形(3)	幕末	P	8×16
51	1156	御屋形御書斎	幕末	P	8×16
52	1148	三之丸東大手門	幕末	P	8×16
53	1182	遠山靫負屋敷遠望	幕末	P	9×6
54	1150	成瀬家中屋敷・石河家屋敷	幕末	P	8×16
55	1157	石河家屋敷	幕末	P	8×16
56	1136	御太鼓櫓筋	幕末	P	8×16
57	1135	竹腰家屋敷	幕末	P	8×16
58	1137	鈴木嘉十郎屋敷	幕末	P	8×16

番号	史料番号	表題	年代	形態	法量（cm）
59	1138	津田太郎兵衛・渡辺半九郎屋敷	幕末	P	8×16
60	1134	渡辺半九郎屋敷	幕末	P	8×16
61	388	若宮祭礼山車行列(1)	幕末	A	9×13
62	1665	若宮祭礼山車行列(2)	幕末	G	9×17
63	1666	若宮祭礼山車行列(3)	幕末	G	9×17
64	1153	柳原の風景	幕末	P	8×16
65	1130	熱田東浜御殿表門	幕末	P	8×16
66	1123・1124・1125・1126	熱田神戸町・西浜御殿・浜鳥居・船手御用屋敷・船会所（パノラマ写真）	幕末	P	66-1,2,3,4いずれも8×16
67	1127	伝馬町菱屋二階から望む福生院	幕末	P	9×16
68	1128	伝馬町菱屋二階から望む桜天神社時の鐘	幕末	P	8×16

第3章　江戸から東京へ

番号	史料番号	表題	年代	形態	法量（cm）
1	281	隅田川から浅草瓦町邸を望む	明治初期	P	21×28
2	282	浅草瓦町邸内	明治初期	P	21×28
3	283	浅草瓦町邸宅と庭園	明治初期	P	21×28
4	284	浅草瓦町邸内の庭園	明治初期	P	21×28
5	1431	浅草瓦町邸の船着場	明治初期	P	14×18
6	1508	浅草旧本多邸	明治初期	P	12×20
7	869	浅草寺五重塔	明治初期	P	6×8
8	875	浅草寺仁王門	明治初期	P	6×8
9	1241	両国橋	明治初期	P	12×17
10	1242	両国百本杭	明治初期	P	13×17
11	1326・1327	両国橋を望む（連続写真）	明治初期	P	11-1,2いずれも12×17
12	860	柳橋	明治初期	P	6×8
13	846	料亭・川長	明治初期	P	6×8
14	1423	浅草瓦町邸から隅田川を望む	明治初期	P	14×18
15	1059・1060・1061	隅田川・薬研堀付近（パノラマ写真）	明治初期	P	15-1,2,3いずれも20×25
16	906	元柳橋	明治初期	P	6×9
17	1313・1314・1315・1316・1317・1318・1319・1320・1321	両国・浅草蔵前の風景（パノラマ写真）	明治初期	P	17-1,2,7は12×17、17-3,4,5,6,9は13×17、17-8は13×18
18	1260	本所長岡町邸長屋前	明治5年以降	P	13×17
19	1280	本所長岡町邸前の通り(1)	明治5年以降	P	13×17
20	1266	本所長岡町邸前の通り(2)	明治5年以降	P	13×17
21	1267	二頭立て馬車と馬口取	明治5年以降	P	13×17
22	1501	本所長岡町邸前の通り(3)	明治5年以降	P	12×19
23	492	本所長岡町邸を望む	明治5年以降	G	21×26
24	984	本所長岡町邸内の庭(1)	明治5年以降	P	20×25
25	1495	本所長岡町邸内の庭(2)	明治5年以降	P	13×19
26	1518	本所長岡町邸内の屋敷神	明治5年以降	P	12×20
27	1496	本所長岡町邸内の屋敷神と菖蒲	明治5年以降	P	13×19
28	1497	本所長岡町邸内に広がる菖蒲	明治5年以降	P	13×20
29	999・1000	本所の町並みと長岡町邸を望む(1)（連続写真）	明治5年以降	P	20×24、20×25
30	992・995・997	本所の町並みと長岡町邸を望む(2)（パノラマ写真）	明治5年以降	P	30-1,2は20×25、30-3は20×24
31	494	本所横網町邸正門	明治12年以降	G	21×26
32	495	本所横網町邸洋館	明治12年以降	G	21×26
33	497	本所横網町邸三階楼	明治12年以降	G	21×26
34	502	本所横網町邸内の庭園	明治12年以降	G	21×26
35	1014・1015	本所横網町邸と庭園（連続写真）	明治12年以降	P	35-1は20×25、35-2は19×25

番号	史料番号	表　　題	年　　代	形態	法　量　(cm)
36	1682	移設された三階楼	明治27年以降	P	16×21
37	307	本所横網町邸内の庭園	明治21年以降	P	21×26
38	305	本所横網町邸内の庭園と徳川義禮	明治21年2月28日	P	20×27
39	159	徳川義禮と良子	明治21年2月28日	P	14×11
40	309	徳川義禮・良子婚礼祝儀品	明治21年2月28日	P	21×26
41	506	本所横網町邸からの隅田川遠望(1)	明治12年以降	G	21×26
42	508	本所横網町邸からの隅田川遠望(2)	明治12年以降	G	21×26
43	504・505・507・ 1016・1020・1021・ 1022・1023・1024	本所横網町邸周辺の風景（360度パノラマ写真）	明治12年以降	G P	43-1,2,6,7,8,9は20×25、 43-3,5,7は21×26
44	1244	本所の町並み(1)	明治初期	P	13×17
45	1403	幌付馬車と人力車	明治初期	P	13×18
46	1505	南本所石原町	明治初期	P	12×19
47	1506	本所清水町(1)	明治初期	P	12×19
48	1510	本所清水町(2)	明治初期	P	13×20
49	1500	本所割下水(1)	明治初期	P	12×19
50	1504	本所割下水(2)	明治初期	P	12×18
51	1503	本所学校(1)	明治初期	P	12×18
52	1514	本所学校(2)	明治初期	P	12×19
53	1279	本所の店並み(1)	明治初期	P	13×17
54	1278	本所の店並み(2)	明治初期	P	13×17
55	1257	本所の店並み(3)	明治初期	P	12×17
56	1406	本所の店並み(4)	明治初期	P	13×18
57	1409	本所の店並み(5)	明治初期	P	13×18
58	1296	屋上から見た本所の町並み(1)	明治初期	P	13×17
59	1294	屋上から見た本所の町並み(2)	明治初期	P	12×17
60	1293	本所の店並み(6)	明治初期	P	13×17
61	1295・1297	本所の町並み(2)（連続写真）	明治初期	P	61-1は12×17、61-2は13×17
62	1412・1413・1414・ 1415・1416	本所の町並み遠望（パノラマ写真）	明治初期	P	62-1,2,3,4,5いずれも13×18
63	1437	浸水した町並み	明治初期	P	14×18
64	1425	浸水した本所長岡町邸前の通り	明治初期	P	14×18
65	1263	台風一過の民家	明治初期	P	12×17
66	1289	修復中の民家	明治初期	P	12×17
67	1043・1044・1045・ 1046・1047	本所遠望（パノラマ写真）	明治初期	P	67-1,2,3,4,5いずれも20×25
68	858	向島の桜	明治初期	P	6×8
69	1432	向島遠景	明治初期	P	14×18
70	837	向両国の中村楼	明治初期	P	6×8
71	1312	隅田川沿いの料亭	明治初期	P	12×17
72	1430	木母寺	明治初期	P	14×18
73	1407	運河の遠景(1)	明治初期	P	13×18
74	1408	運河の遠景(2)	明治初期	P	13×18
75	1243	柳島妙見堂	明治初期	P	13×17
76	1245	亀戸天神前の町並み	明治7年	P	12×17
77	900	亀戸天神太鼓橋	明治7年	P	6×9
78	1380	亀戸天神社殿と藤棚	明治7年	P	13×18
79	1381	亀戸天神拝殿	明治7年	P	13×18
80	1379	亀戸天神の神牛	明治7年	P	13×18
81	1385・1386・1387	田園風景（パノラマ写真）	明治初期	P	81-1,2,3いずれも13×18
82	1247	日本橋	明治初期	P	12×17
83	1250	建設中の第一国立銀行	明治初期	P	12×17

番号	史料番号	表　　　題	年　　代	形態	法　量　(cm)
84	910	第一国立銀行・海運橋	明治5年頃	P	6×9
85	1262	常盤橋の遠景	明治初期	P	12×17
86	1013	吹上御苑道灌堀の吊り橋	明治初期	P	20×25
87	1009	吹上御苑・滝見御茶屋	明治12年5月23日	P	20×25
88	1012	吹上御苑の競馬場	明治初期	P	20×25
89	1008	吹上御苑の滝	明治初期	P	20×25
90	1010・1011	吹上御苑（連続写真）	明治初期	P	90-1,2 いずれも20×25
91	1392・1393・1394・1395・1396	上野不忍池（パノラマ写真）	明治初期	P	91-1,2,3,4,5 いずれも13×18
92	1397	上野三枚橋	明治初期	P	13×18
93	1398	上野山下	明治初期	P	13×18
94	1057	芝居小屋が並ぶ風景	明治初期	P	20×25
95	1053	桐座	明治初期	P	21×24
96	1428	万世橋と神田川	明治初期	P	14×18
97	1268・1269	滝野川（連続写真）	明治初期	P	97-1,2 いずれも13×17
98	1304・1305	永田町より旧江戸城・霞ヶ関方面を望む(1)（連続写真）	明治初期	P	98-1は12×16、98-2は12×18
99	1306・1307	永田町より旧江戸城・霞ヶ関方面を望む(2)（連続写真）	明治初期	P	いずれも12×16
100	1308	永田町・霞ヶ関の旗本屋敷	明治初期	P	12×16
101	1309	永田町より日吉神社を望む	明治初期	P	12×16
102	1322・1323・1324・1325	麻布の旧大名屋敷を望む（パノラマ写真）	明治初期	P	102-1,4 は 12×17、102-2,3 は 12×18
103	1063	芝口橋付近銀座煉瓦街	明治初期	P	20×25
104	1049	第十五国立銀行・蓬莱橋	明治初期	P	17×22
105	853	石川島灯台	明治初期	P	6×8

第4章　新天地 北海道・八雲の情景

番号	史料番号	表　　　題	年　　代	形態	法　量　(cm)
1	〔216〕	八雲沿海の風景	昭和初期	P	12×17
2	〔211〕	八雲海岸より駒ヶ岳を望む	昭和初期	P	9.3×14
3	〔237〕	遊楽部川遠望	昭和2年秋	P	12×17
4	2309	遊楽部岳を望む	大正9年3月	P	8×11
5	〔369〕	移住民の家屋	昭和10年夏	P	11×15
6	〔612〕	尾張徳川家開墾地の光景(1)	明治18年頃	P	9×13
7	〔948〕	尾張徳川家開墾地の光景(2)	明治18年頃	P	9.3×15
8	〔949〕	尾張徳川家開墾地の光景(3)	明治18・19年頃	P	9.5×12
9	〔658〕	雪中の大栃の木	大正10年	P	13×9.4
10	〔615〕	徳川家開墾地事務所と八雲小学校	明治19年頃	P	9.4×14
11	〔220〕	開拓の風景を偲ぶ	昭和初期	P	9.6×14
12	〔710〕	吉田知行	昭和3年	P	8.4×5.6
13	〔709〕	片桐助作	昭和3年	P	8.2×5.5
14	〔725〕	角田弘業	昭和3年	P	8.9×5.7
15	〔730〕	佐治為泰	昭和3年	P	8.9×5.7
16	〔723〕	吉田知一	昭和3年	P	8.5×5.6
17	〔618〕	鷲之巣耕舎（青年舎）	明治24年頃	P	9.4×14
18	〔718〕	大島 鍛	昭和3年	P	10×7.2
19	〔737〕	小川乙蔵	昭和3年	P	8.6×5.8
20	〔947〕	八雲開拓で活躍した若者たち	明治19年頃	P	9.3×13
21	〔719〕	川口良昌	昭和3年	P	10×7.3
22	〔727〕	梅村多十郎	昭和3年	P	14×9.6
23	〔386〕	梅村多十郎邸	昭和初期	P	10×15
24	〔733〕	開拓移住民集合写真	明治44年	P	10×14

番号	史料番号	表題	年代	形態	法量 (cm)
25	〔525〕	畜牛放牧場	明治19年頃	P	9.1×13
26	〔535〕	常丹牧場(1)	明治36年頃	P	9.4×14
27	〔534〕	常丹牧場(2)	明治36年頃	P	10×14
28	〔531〕	碧天号	明治35年頃	P	12×16
29	〔527〕	八雲競馬会の風景(1)	明治26年頃	P	9.3×14
30	〔529〕	八雲競馬会の風景(2)	明治26年頃	P	9.4×14
31	〔863〕	八雲競馬場（連続写真）	明治44年	P	10×28
32	〔621〕	大野農場事務所	明治32年頃	P	10×15
33	〔592〕	大野農場の山林	昭和３年	P	10×14
34	〔552〕	大野農場の杉林	大正５年冬	P	9.4×14
35	〔720〕	馬鈴薯畑と澱粉製造工場	大正～昭和初期	P	9.1×15
36	〔550〕	馬鈴薯試作場	大正５年７月	P	15×20
37	〔542〕	鮭魚採卵場	明治43、44年頃	P	9.4×14
38	〔543〕	立岩鮭魚人工孵化場	明治末期	P	9.4×14
39	〔398〕	常丹ヶ丘から八雲市街を望む	昭和３年	P	9.7×15
40	〔623・624〕	八雲市街遠景（連続写真）	明治38年頃	P	5×9、5×8.5
41	〔627〕	八雲村役場	大正元年頃	P	6×9.1
42	〔625〕	真萩館	明治22・23年頃	P	9.3×14
43	〔655・656・657〕	真萩館前の庭園（パノラマ写真）	大正10年	P	43-1 は11×13、43-2 は10×13、43-3 は11×15
44	〔640〕	雪の八雲本町通り	大正～昭和初期	P	11×15
45	〔641・642・643〕	八雲市街・停車場前（パノラマ写真）	大正８年頃	P	45-1,2,3 いずれも10×14
46	〔681〕	徳川慶勝御霊社（八雲神社）	大正期	P	7.2×10
47	〔637〕	徳川慶勝御霊社	大正元年頃	P	7.3×10
48	〔818〕	八雲神社宮司 森富崇	大正７年	P	16×11
49	〔945〕	八雲神社祭礼(1)	明治35年６月21日	P	5.8×8.8
50	2235	八雲神社祭礼(2)	明治44年８月	P	9×11
51	〔1004〕	八雲開拓碑	昭和初期	P	14×9.5

エピローグ　激動の時代を乗り越えて

番号	史料番号	表題	年代	形態	法量 (cm)
1	43	徳川慶勝・徳川茂栄・松平容保・松平定敬	明治11年９月３日	P	27×22
2	18	徳川慶勝	明治12年頃	P	11×７
3	43部分	徳川茂栄	明治11年９月３日	P	——
4	465	松平容保	明治期	P	10×６
5	466	松平定敬	明治期	P	10×6

〔参考文献〕

岩下哲典「徳川慶勝の写真研究と撮影写真（上）（下）」（徳川林政史研究所『研究紀要』第25・26号、1991・1992年）

金行信輔「近世都市江戸の崩壊と写真史料」（『日本建築学会中国支部研究報告集』第30巻、2007年）

金子隆一「写真史の中の内田九一」（『古写真研究』第３号、2009年）

白根孝胤「幕末・維新期における尾張家の撮影写真と技術開発」（徳川林政史研究所『研究紀要』第40号、2006年）

白根孝胤「明治初年における徳川慶勝の動向と撮影写真」（徳川林政史研究所『研究紀要』第45号、2011年）

徳川美術館・蓬左文庫開館75周年記念特別展図録『大名古屋城展』（徳川美術館、原史彦執筆、2010年）

徳川美術館夏季特別展図録『徳川慶勝―知られざる写真家大名の生涯―』（徳川美術館、原史彦執筆、2013年）

徳川黎明会監修・NHK プラネット中部編『写真家大名・徳川慶勝の幕末維新―尾張藩主の知られざる決断』（NHK 出版、2010年）

高木任之『尾張徳川家による 北海道八雲村の開墾』（2005年）

『三訂 八雲町史』上・下巻（八雲町、2013年）

「徳川林政史研究所所蔵写真資料目録」一～七（徳川林政史研究所『研究紀要』第26～32号、1992～1998年）

日本写真家協会編『日本写真史 1840-1945』（平凡社、1971年）

小沢健志『幕末・明治の写真』（ちくま学芸文庫、1997年）

石黒敬章『明治の東京写真　丸の内・神田・日本橋』（角川学芸出版、2011年）

石黒敬章『明治の東京写真　新橋・赤坂・浅草』（角川学芸出版、2011年）

「三世紀事略」（『名古屋叢書』第５巻、名古屋市教育委員会、1962年）

「尾張徳川家系譜」（『名古屋叢書三編』第１巻、名古屋市蓬左文庫編集・名古屋市教育委員会発行、1988年）

霞会館華族家系大成編輯委員会編『平成新修 旧華族家系大成』上・下巻（吉川弘文館、1996年）

あとがき

徳川林政史研究所は、尾張徳川家によって撮影、収集した写真を多数所蔵している。本書『写真集 尾張徳川家の幕末維新』は、巻頭の解説に記したように、当研究所が所蔵する写真資料のうち、尾張徳川家十四代（のちに十七代）当主徳川慶勝が、幕末から明治初年にかけて撮影した写真や幕末から明治へと我が国の歴史が大きく転換していった時代を生きた慶勝に関連する写真を掲載したものである。

我が国に写真技術が渡来して間もない時期に、大名家（華族）の当主自身によって撮影された写真が多く遺っていることは、大変貴重である。しかも当研究所には、慶勝が撮影した写真をガラス原板のままで所蔵していることは注目に値する。また、これらの写真は鶏卵紙などに焼き付けられ、尾張徳川家において写真帳に整理して厳重に保管されてきた。

本書に掲載した写真は、慶勝の家族の肖像をはじめ、江戸の市谷上屋敷、戸山下屋敷とその庭園、名古屋城の天守・二之丸御殿や武家屋敷、第一次征長総督として本営をおいた広島城下の様子などで、幕末という激動の時代の歴史的舞台の一端を知ることができる。また、明治期に入ってからは、住まいとなった浅草・本所周辺の町並みや風景を数多く撮影しており、江戸の名残と東京の近代化が混在する時代の移り変わりを垣間見ることができて大変興味深いと思われる。

これらの写真は、幕末維新の様相を知るうえでの遺産であるとともに、当時の最先端の写真技術を解明していくための貴重な史料群といえる。この写真集の刊行が幕末維新史、近代史研究の一助となれば幸いである。

写真解説等の執筆にあたって、巻末に掲げた参考文献に拠った他、多くの方々からのご教示・ご協力を得たことに御礼申し上げるとともに、企画・立案・執筆において中心的な役割を果たした白根孝胤当研究所研究員の努力に感謝したい。

末筆ながら、本書の刊行にあたり、吉川弘文館の堤崇志氏に編集等さまざまな面でご尽力いただいた。記して謝意を表する次第である。

平成26年２月

徳川林政史研究所　所長

竹内　　誠

監　修　公益財団法人 徳川黎明会　会長　徳 川 義 崇
編　集　公益財団法人 徳川黎明会　徳川林政史研究所
執筆者　徳川林政史研究所 研究員　白 根 孝 胤
（解説・キャプション）

協力者　深 井 雅 海　原　史 彦　藤 田 英 昭
　　　　芳 賀 和 樹　塚田沙也加　桐 生 海 正

写真集 尾張徳川家の幕末維新
徳川林政史研究所所蔵写真

2014年（平成26）3 月 1 日　第 1 版第 1 刷発行

監修者　徳 川 義 崇
編　者　徳川林政史研究所
発行者　前 田 求 恭
発行所　株式会社 吉川弘文館
東京都文京区本郷 7 丁目 2 番 8 号
郵便番号 113-0033
電話 03-3813-9151（代表）
振替 00100-5-244
http://www.yoshikawa-k.co.jp/

印刷＝株式会社 藤原印刷　　製本＝誠製本株式会社
装幀＝山崎　登

ISBN978-4-642-03827-0